Variety Puzzle Book For Adults

Copyright ©2019 Vibrant Puzzle Books

Train your brain and enhance problem solving skills by solving logic puzzles like sudoku, word search and mazes!

Word Search

WORD SEARCH #1

```
M  A  M  M  A  R  Y  C
O  P  E  U  N  U  C  H
Q  O  C  S  P  I  S  A
E  S  U  E  I  O  N  S
T  T  D  R  I  A  W  E
O  L  A  O  T  L  R  S
V  E  R  F  I  U  E  B
A  S  T  A  T  I  C  R
```

WORDS
- AFORE
- APOSTLES
- ASTATIC
- AWE
- BRAISE
- CHASES
- EUNUCH
- FATE
- ION
- MAMMARY
- QOM
- RELIE
- RUT
- SIPS
- TIT
- TRADUCE
- VOTE

WORD SEARCH #2

```
W H E E L M A N
O G L E V Y Y A
D E P P O R P M
A N A A L A P D
E U L T U M E O
M L E H M L P H
S U R A E A R S
D E K C O P U S
```

WORDS
EARS
HODMAN
LUNE
MEADOW
OGLE
PALER
PALMARY
PATH
PEPPY
POCKED
PROPPED
SUP
SURA
VOLUME
WHEELMAN

WORD SEARCH #3

```
O E D D E S O D
A R C E D E C T
S I I E R R L O
T F D S A I E U
E P R N O T P T
R M O I A N E S
S A M L O R R B
K C E R D C B S
```

WORDS
ARCED
ASTERS
BRAND
CAMPFIRE
COIR
DOSED
DRECK
DROME
LEPER
LINSEED
NARC
ORISON
SBS
SPIRED
TIRES
TOUTS

WORD SEARCH #4

```
C  T  S  A  C  P  U  H
O  R  E  D  D  O  C  A
M  A  U  D  N  T  N  H
A  F  R  X  A  I  O  S
T  F  O  M  L  R  W  O
O  I  P  E  N  O  B  Y
S  C  E  L  A  M  I  A
E  S  E  L  P  P  I  T
```

WORDS
ABRADE
ANIL
BON
COMATOSE
CRUX
EUROPE
HORN
LAMIA
LEES
MATCH
ODDER
SOYA
TIPPLES
TRAFFICS
UPCAST
WINDS

WORD SEARCH #5

```
M  O  L  E  S  T  E  D
E  K  A  R  G  N  D  R
T  A  R  E  I  E  O  E
E  E  U  M  W  M  N  A
R  R  A  A  I  G  O  D
S  W  Y  T  R  A  M  I
P  A  L  C  E  R  A  N
D  I  S  H  P  F  C  G
```

WORDS
AURA
CAM
CLAP
DISH
DREADING
FRAGMENT
METERS
MOLESTED
MONO
PERIWIGS
RAKE
REMATCH
TIMOR
WREAK
YAWED

WORD SEARCH #6

```
F O R E H E A D
L R O R I L T E
U E U O D E N P
K T L D I C A R
E E E I N T L A
K H T N G R T H
Y U T G D I A P
T B E S K C I L
```

WORDS
ATLANTA
ELECTRIC
ERODING
FLUKE
FOREHEAD
HARPED
HETERO
HIDING
HUB
LICKS
PAID
ROULETTE
TYKE

WORD SEARCH #7

```
S A L I C I N S
E T A M L A P S
C R E S T E D E
O E Y L X G M N
N L E I D N A D
D A L E S I W L
D E E R B H R A
D D T M O T T B
```

WORDS
BALDNESS
BREED
BRIDLE
CRESTED
DEALER
EXILE
EYELET
LED
MAW
MOTT
PALMATE
SALICIN
SECOND
THING
WISE

WORD SEARCH #8

```
D I V I N I T Y
D N A H G N O L
A E S V A R E S
L E S I O L A L
L C O N G W L L
O P R A T E R O
Y S T A N G T B
S H R U B B Y A
```

WORDS
ADD
ALLOY
ARES
ASSORT
AVOW
BOLLS
CRAB
DIVINITY
GETA
GNATS
HALL
LONGHAND
NEE
PRATER
SHRUBBY
VINA
WAS

WORD SEARCH #9

```
R  U  F  F  L  E  S  H
E  L  U  T  C  U  D  E
M  I  N  A  H  A  R  M
O  D  D  X  C  H  A  P
D  S  O  E  T  Y  W  S
E  D  C  S  A  U  O  E
L  O  K  K  M  G  T  S
U  N  C  T  I  O  N  U
```

WORDS
AHA
CHAP
DUCTULE
GUY
HEMPS
LIDS
MATCH
NODS
REMODEL
RUFFLE
TAXES
TOWARDS
UNCTION
UNDOCK
USES
YAK

WORD SEARCH #10

```
C O M M U T E S
R I G O R A F F
E M O S O W T A
N E D A E D W R
A T T E S T S O
B A C C R U A L
Y K S U M P H A
H S I N R A G V
```

WORDS
ABY
ACCRUAL
ATTESTS
COMMUTES
CRENA
DEADEN
GARNISH
MPH
MUSKY
RAFF
RIGOR
SKAT
TWA
TWOSOME
VALOR

WORD SEARCH #11

```
Y E N A C T E D
M U S S E L C E
L A E S U A N H
A Y N O G A E C
B L K N A S H N
G L I D E R O I
A O O E O D P P
P J D X S Y A S
```

WORDS
AGONY
BALMY
ENACT
GAP
GLIDER
HENCE
HOP
JOLLY
LOX
MANNED
MUSSEL
NAUSEA
PINCHED
SANK
SAYS
SEED
TED
YEN
YOD

WORD SEARCH #12

```
O R D E R E I P
C E E X E M P T
C B D P R A C C
O M I I E Z A H
R E F L F L B A
I E R U L I O S
S E C T P S E E
C R O U C H E D
```

WORDS
BILLS
BIP
CARP
CHASE
CROUCHED
EDIFIED
EMBER
EXEMPT
FIR
HAZE
ORDER
PIER
REPEL
SECT
SIROCCO
SOILURE

WORD SEARCH #13

```
N O N E S U C H
O D A L A S A B
T R P I M P L E
I I H D O Z E N
C A T E S I R A
E H A A C H I T
S E L K N I R C
D R I B O G Y O
```

WORDS
BASAL
BOGY
CHIT
CRINKLES
DOZEN
DRIB
ELIDE
GNAT
HAIRDO
NAPHTALI
NONESUCH
NOTICES
OCTANE
PIMPLE
RISE

WORD SEARCH #14

```
P  L  E  T  H  O  R  A
O  O  L  A  A  B  E  B
L  U  C  C  L  A  I  E
E  N  Y  K  I  D  L  M
Y  G  C  I  D  I  A  A
N  E  S  N  O  A  V  W
E  R  I  G  M  H  A  O
E  L  D  D  U  C  C  G
```

WORDS
AMEBA
CAVALIER
CUDDLE
CYCLE
DISC
EEN
HALIDOM
LOUNGER
OBADIAH
PLETHORA
POLEYN
TACKING
WAD
WOG

WORD SEARCH #15

B	E	F	R	I	E	N	D
A	M	T	N	A	H	L	M
C	P	N	A	P	G	O	Y
I	O	R	B	T	T	U	H
L	W	O	I	E	S	D	S
L	E	H	L	E	E	E	A
U	R	S	A	D	R	S	R
S	A	H	C	L	E	T	S

WORDS
ASHY
BACILLUS
BEFRIEND
CALIBAN
EMPOWER
HAN
HAS
HORN
LETS
LOUDEST
MOTELS
NAP
REST
RESTATE
SUGAR
TEED

WORD SEARCH #16

A	N	E	N	T	R	O	B
T	E	L	B	A	T	R	E
O	F	K	G	M	I	S	G
L	O	U	A	S	E	I	A
L	R	H	T	T	O	N	N
D	C	L	H	O	R	K	E
Z	E	B	U	M	P	A	P
S	S	R	A	B	O	L	P

WORDS
ANENT
ATOLL
BEGAN
BORT
BRISTLES
DRUG
FORCES
HAM
LOBAR
NO
PARTAKE
PEN
SETH
SINK
TABLET
TOMB
TOP
ZEBU

WORD SEARCH #17

```
N  I  V  A  L  D  U  B
I  T  E  Y  A  U  Q  G
A  N  A  N  E  Z  B  N
T  A  S  E  E  L  O  I
E  I  T  S  X  O  U  Y
D  L  T  R  B  E  R  P
R  E  G  G  A  T  S  O
S  R  E  I  R  T  E  C
```

WORDS
BOO
BOURSE
BUD
COPYING
DANS
DETAIN
EXEAT
NIVAL
PULE
QUAY
RELIANT
STAGGER
TART
TRIERS
YETI
ZENANA
ZEST

WORD SEARCH #18

```
C  H  A  R  A  D  E  V
R  A  I  N  W  E  A  R
O  U  L  W  B  T  A  M
T  G  S  L  E  E  R  C
C  U  E  L  E  R  G  A
H  R  R  V  I  T  G  L
E  S  A  Q  E  D  A  X
S  C  I  N  A  P  E  P
```

WORDS
AUGURS
BEG
CALX
CAVE
CHARADE
CREELS
CROTCHES
GREW
PANIC
PATELLA
QED
RAINWEAR
SERAI
SLIDE
TAM
VAT

WORD SEARCH #19

```
G  I  M  E  L  O  O  P
R  N  A  D  R  E  E  N
A  U  A  D  O  E  I  L
V  M  E  S  H  O  T  R
E  I  R  E  C  A  R  E
L  N  D  I  S  A  R  M
L  S  P  O  O  C  O  R
Y  S  I  O  N  S  B  O
```

WORDS
COOPS
DAME
DAN
DISARM
EEN
GIMEL
GRAVELLY
INS
LEI
LIE
LIED
LOOP
NOISY
OBS
ORMER
RACER
ROB
SCHORL
SHOT
UNI

WORD SEARCH #20

```
B  G  D  E  T  I  A  G
N  E  E  T  X  I  S  N
A  N  T  U  B  B  Y  I
B  O  E  W  D  U  A  C
A  G  S  O  E  R  V  A
L  R  T  R  L  E  O  L
A  A  E  M  L  D  N  O
T  M  D  S  W  O  C  S
```

WORDS
AVON
BETWEEN
COW
DELL
DETESTED
GAITED
GENOGRAM
LABAN
SIXTEEN
SOLACING
TALA
TUBBY
UREDO
WORMS

WORD SEARCH #21

```
T A K I N A D L
E C H U R N E L
L C E U R D V E
A E S F E A I B
M D D E N V E R
O E X A O I C O
N D C O L T E O
S E D A T E D D
```

WORDS
ACCEDED
AXE
CHURN
COL
DAVIT
DECEIVED
DENVER
DOORBELL
INFECT
LONER
SEDATED
SURA
TAKIN
TELAMON

WORD SEARCH #22

E	T	E	R	N	I	Z	E
G	I	H	C	T	I	A	Z
A	G	P	O	W	L	U	I
U	H	L	P	R	A	Q	L
S	T	O	E	U	N	R	A
S	S	T	G	D	Y	Y	C
A	T	S	U	G	U	A	O
I	M	P	L	I	E	S	V

WORDS
AITCH
ASSUAGE
AUGUST
CRAW
ETERNIZE
IMPLIES
LED
LUGE
OWL
PLOTS
QUA
THORNY
TIGHTS
VOCALIZE
YUPPIE

WORD SEARCH #23

```
C  A  R  T  A  G  E  R
H  O  G  T  I  E  S  E
I  M  A  N  U  S  T  M
S  L  A  T  O  T  N  O
E  E  B  F  I  U  E  T
L  U  S  E  B  B  D  E
S  T  N  A  V  R  E  S
N  O  I  T  C  I  F  T
```

WORDS
CARTAGE
CASES
CHISEL
DENTS
EFT
FICTION
HOGTIE
NUB
REMOTEST
SERVANTS
SUB
TIBET
TOTALS
TSUNAMI

WORD SEARCH #24

```
H A N D B I L L L
O B T O M B O Y
P E E T I M O S
I L S K I E D T
D E Y O L C E A
L I V E R S S E
H A Y S T A C K
I N K Y T T U R
```

WORDS
ABELE
ATTICS
CLOYED
EATS
HANDBILL
HAYSTACK
HOPI
INKY
LIVERS
RUTTY
SKIED
SOMITE
TESTY
TOMBOY

WORD SEARCH #25

```
A N E L E K A B
T E L C A R O R
A X O E T O W O
V O R A I A G O
I T M C L U B M
S I E E T T I P
M C R P A M E R
P A L L I U M R
```

WORDS
ALTER
ANELE
ATAVISM
ATILT
BAKE
BROOM
CLUB
EXOTICA
GOAL
ORACLE
ORMER
PALLIUM
PIT
REMAP
STREAK
WALE

Mazes

MAZE #1

MAZE #2

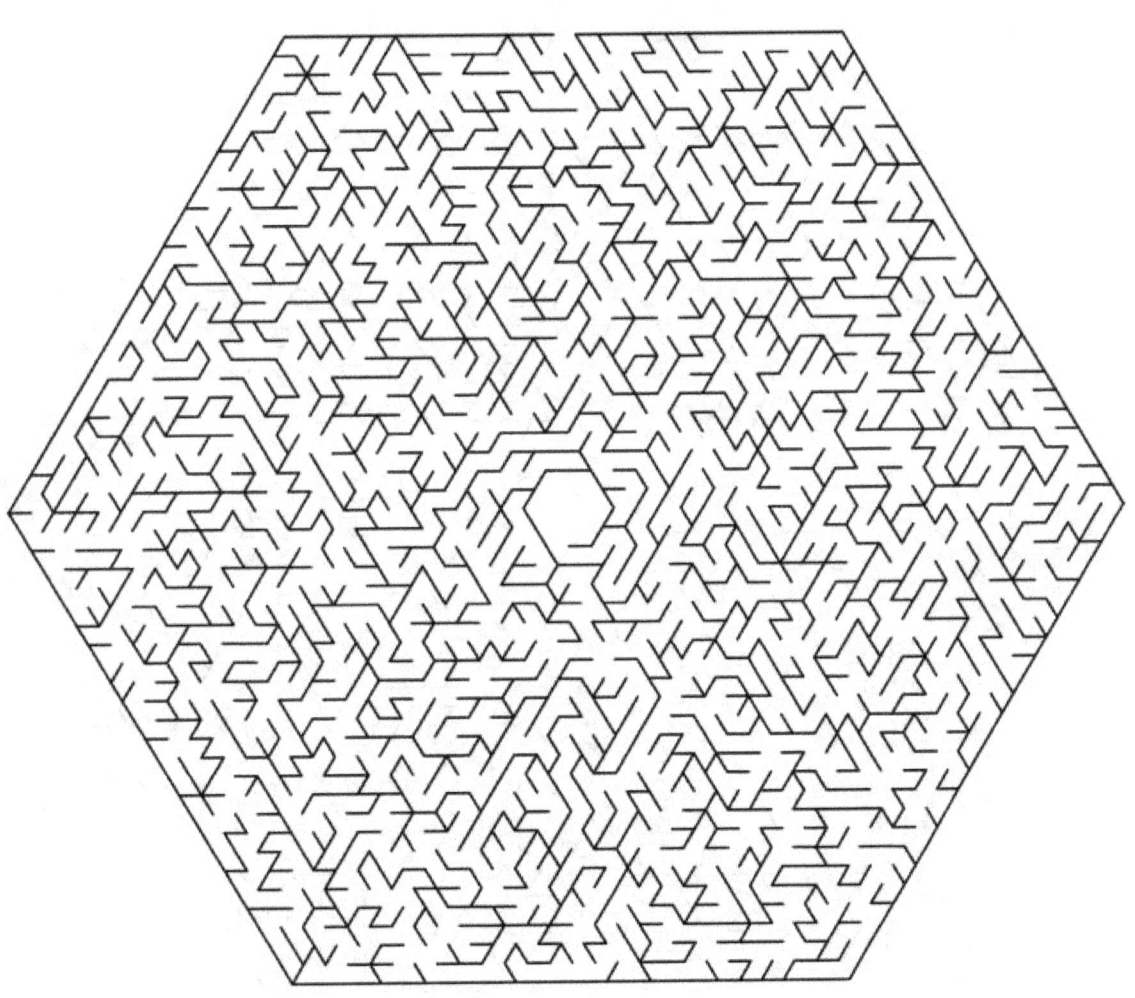

MAZE #3

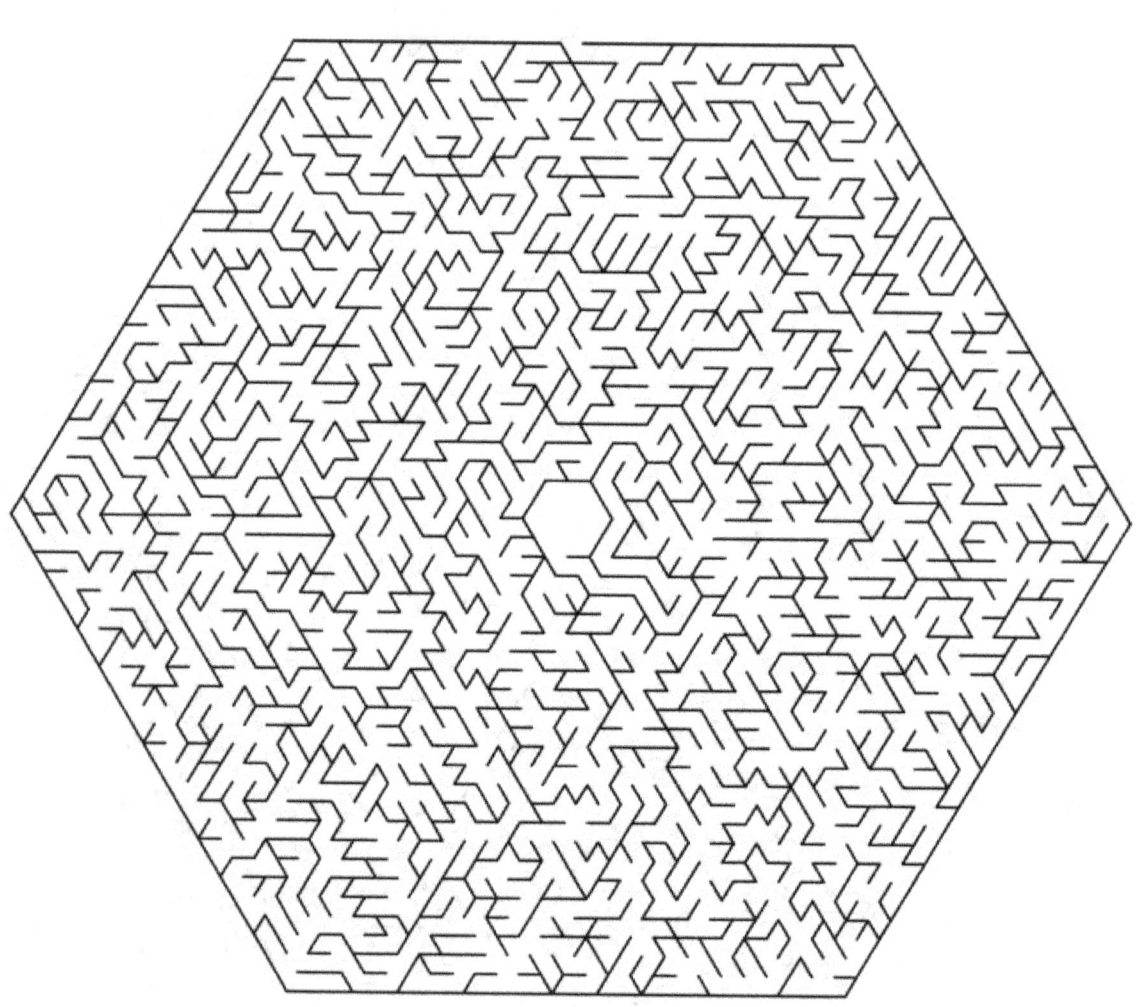

MAZE #4

MAZE #5

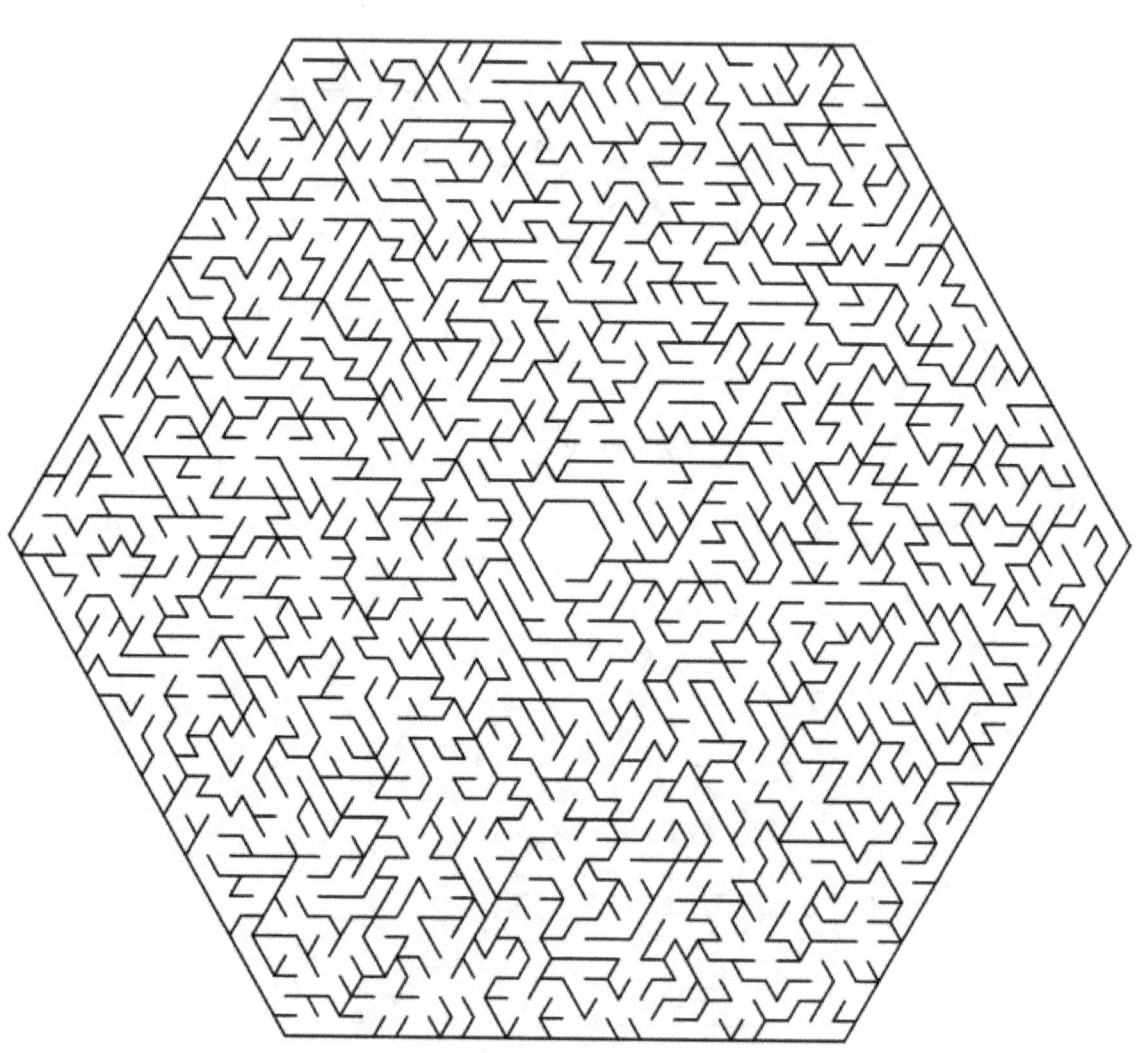

MAZE #6

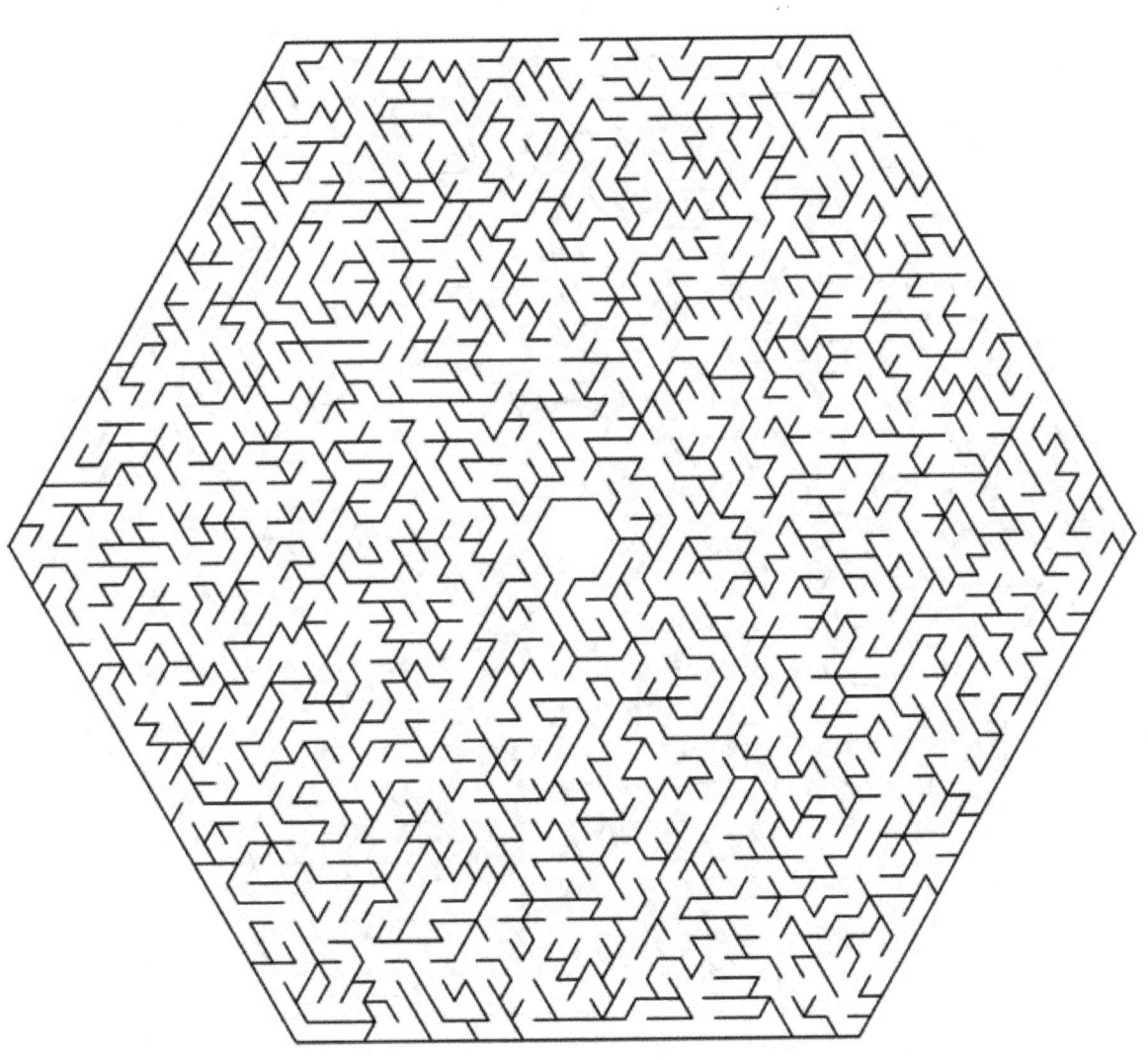

MAZE #7

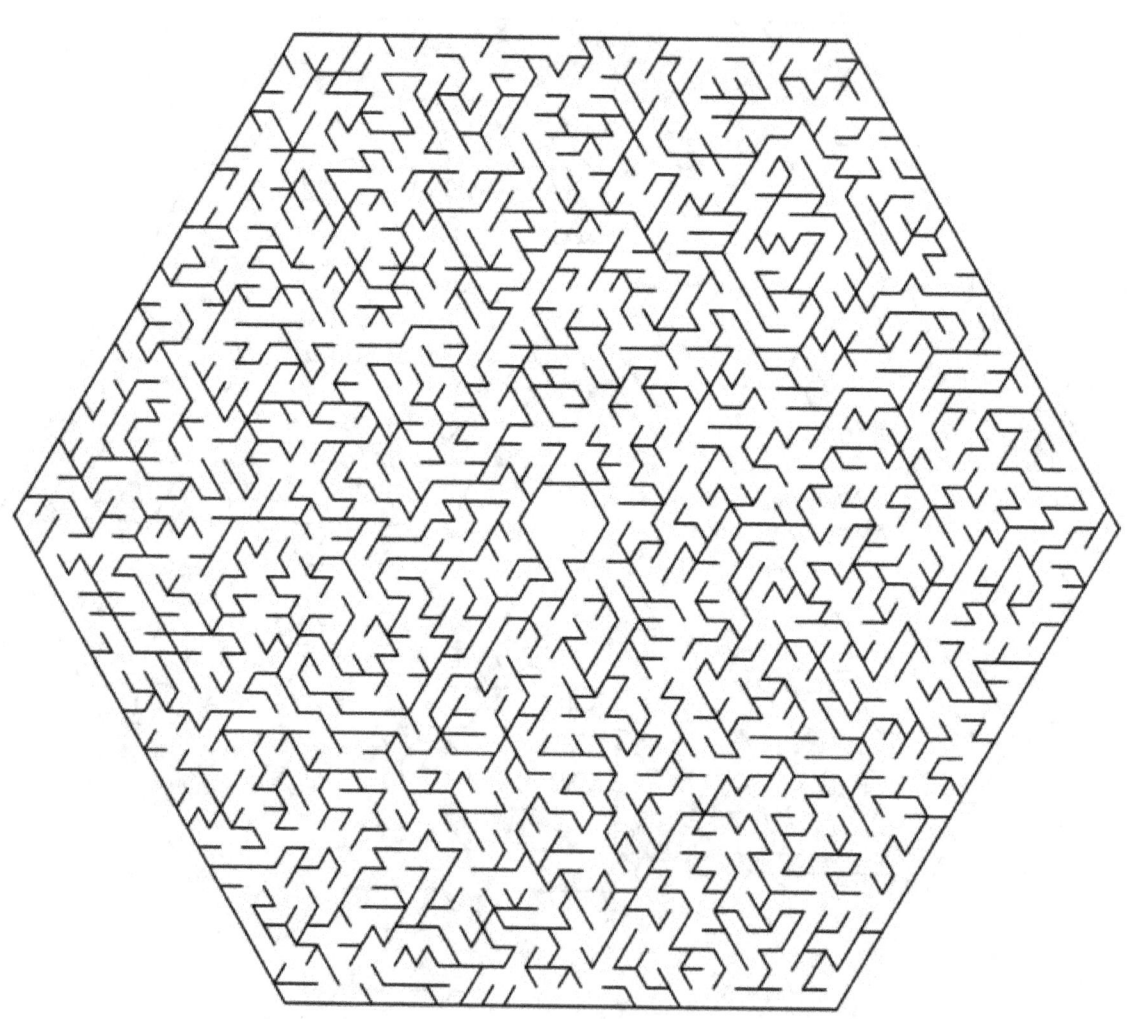

MAZE #8

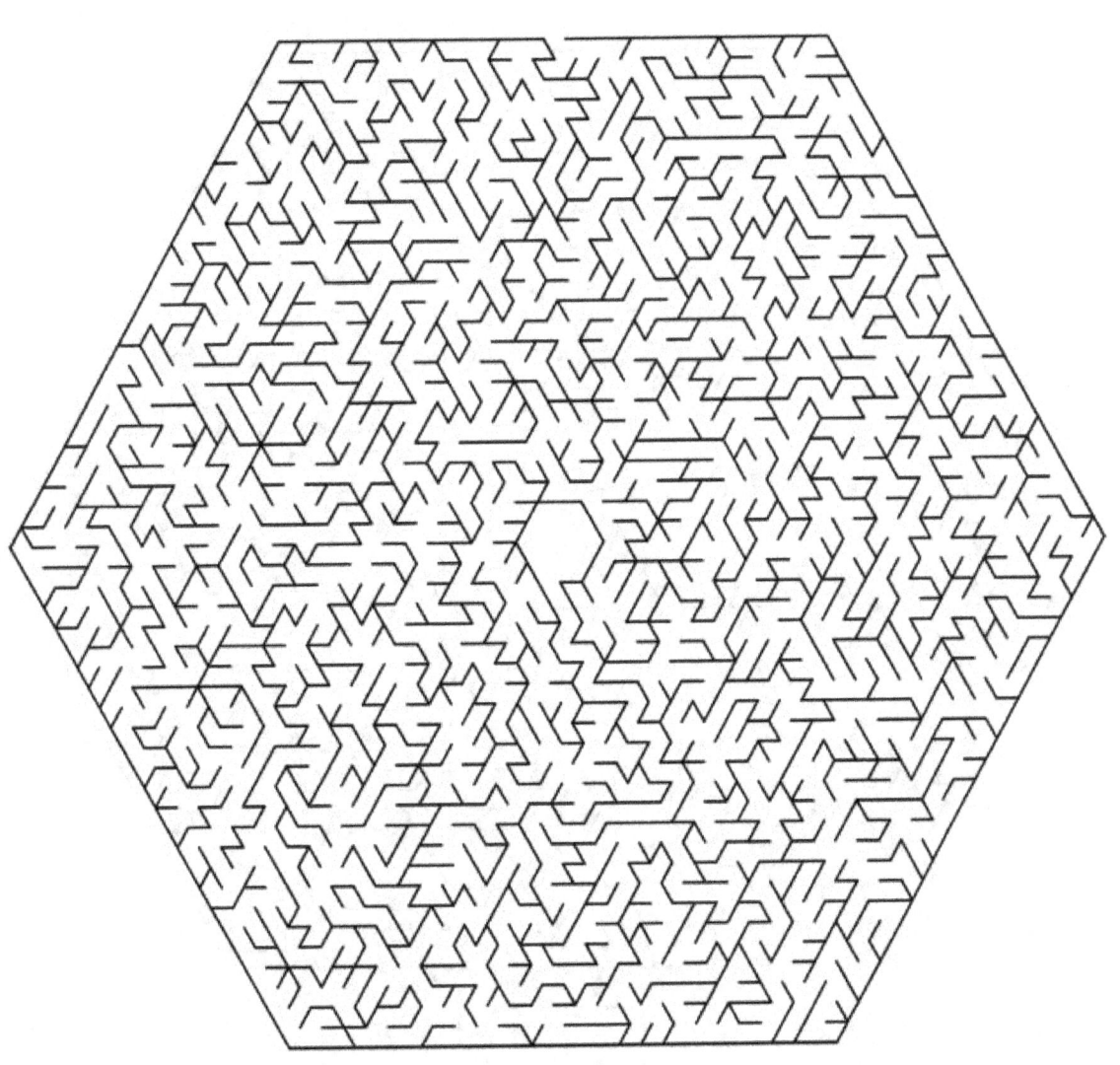

MAZE #9

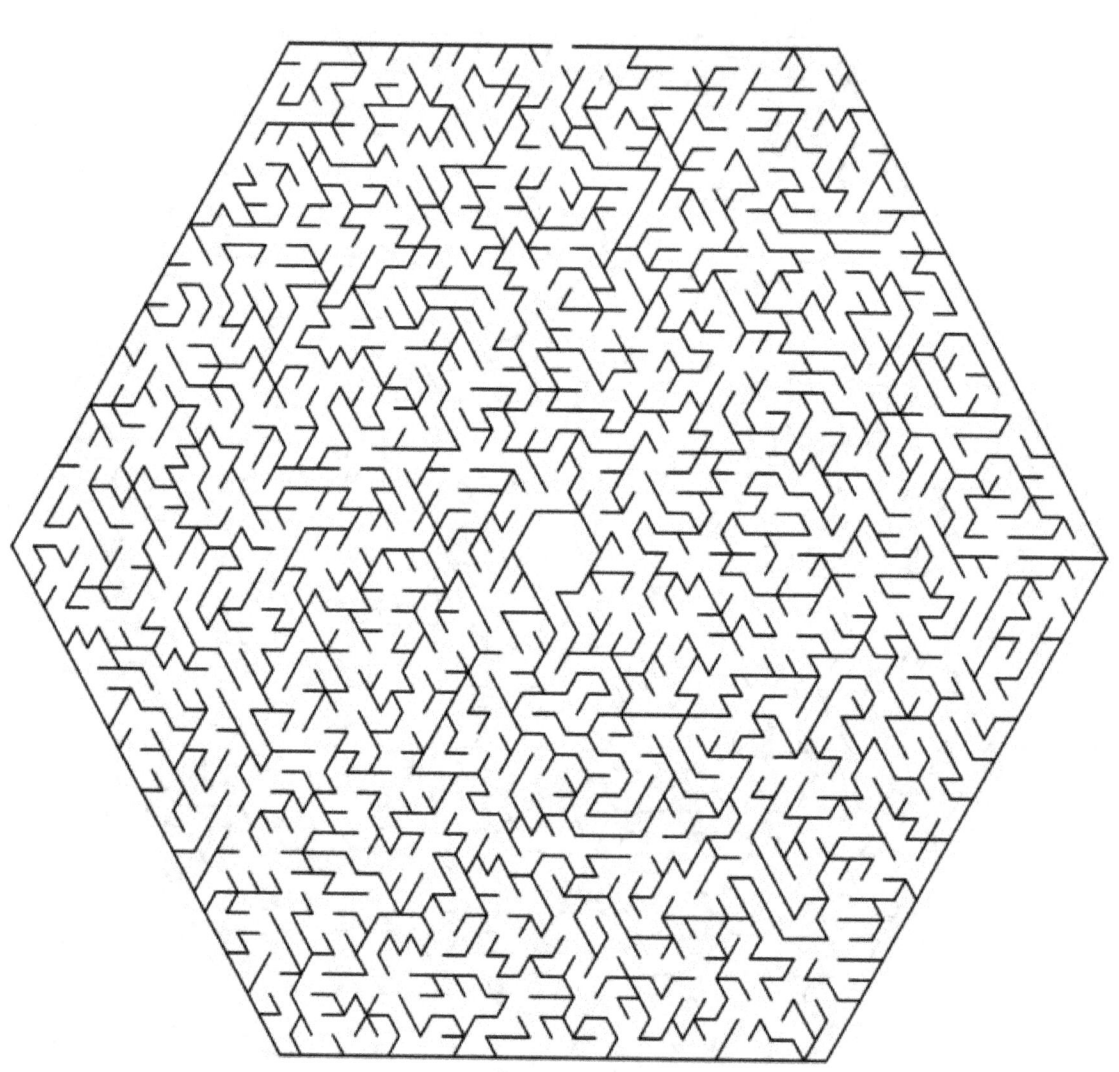

MAZE #10

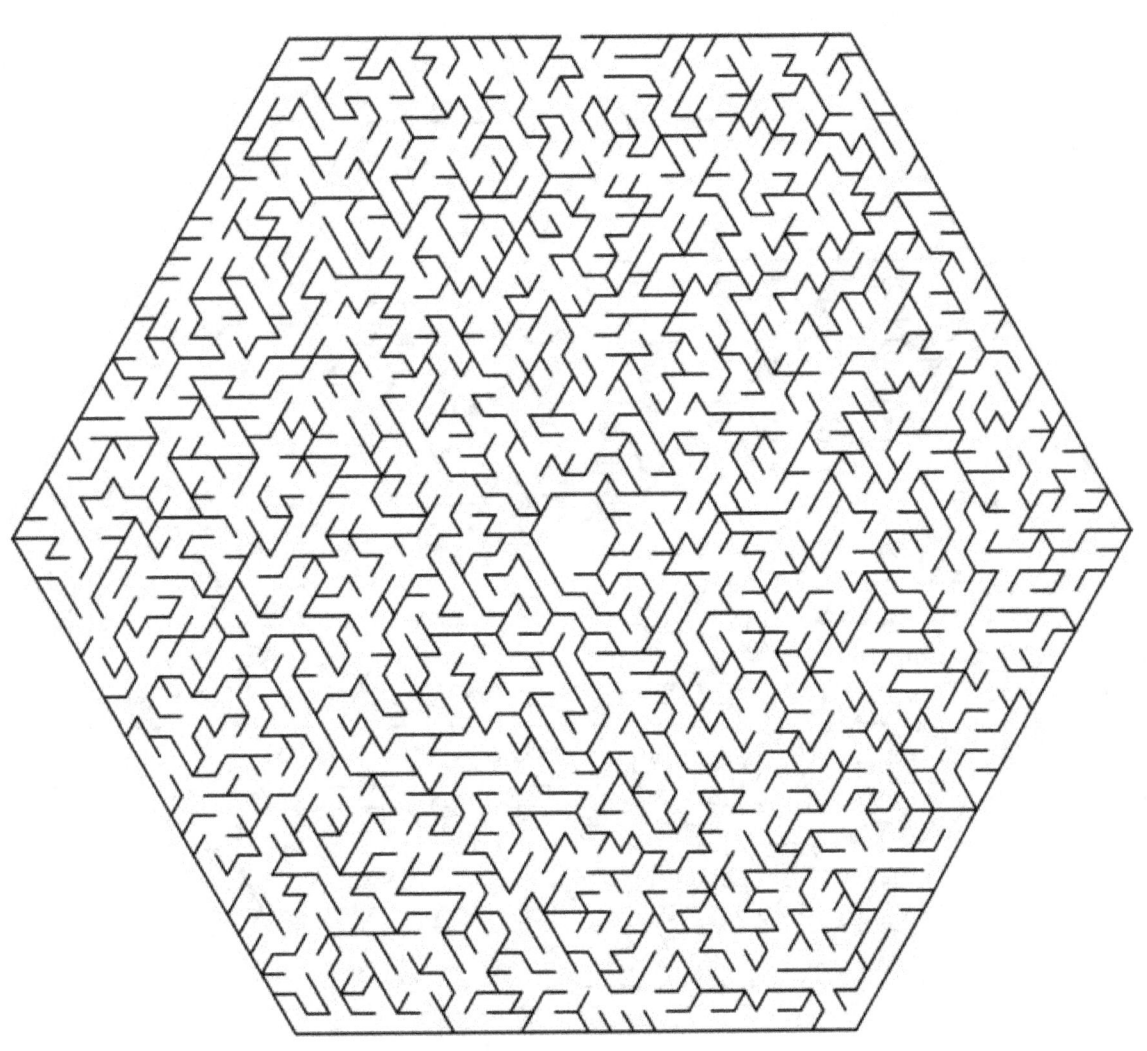

MAZE #11

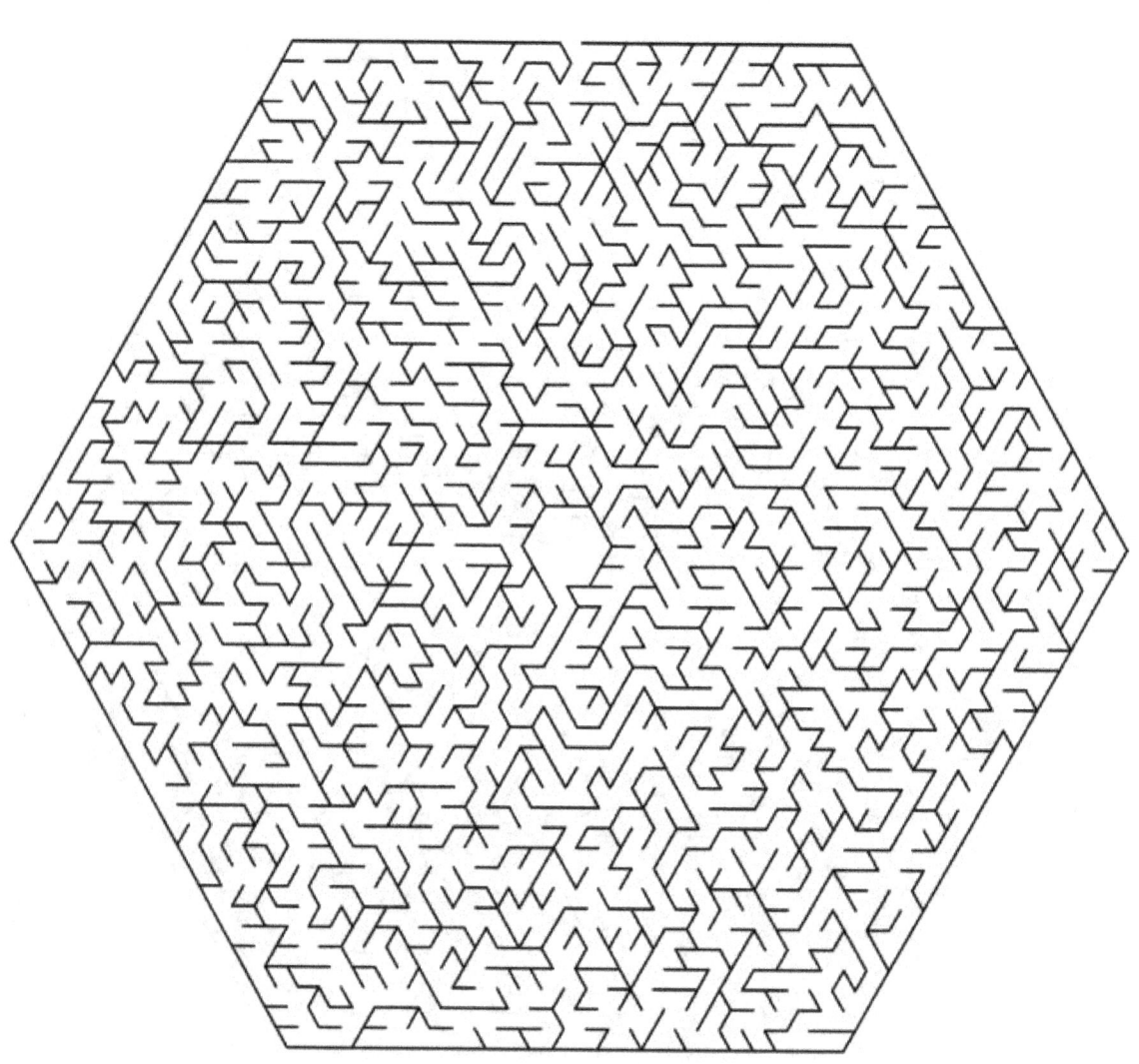

MAZE #12

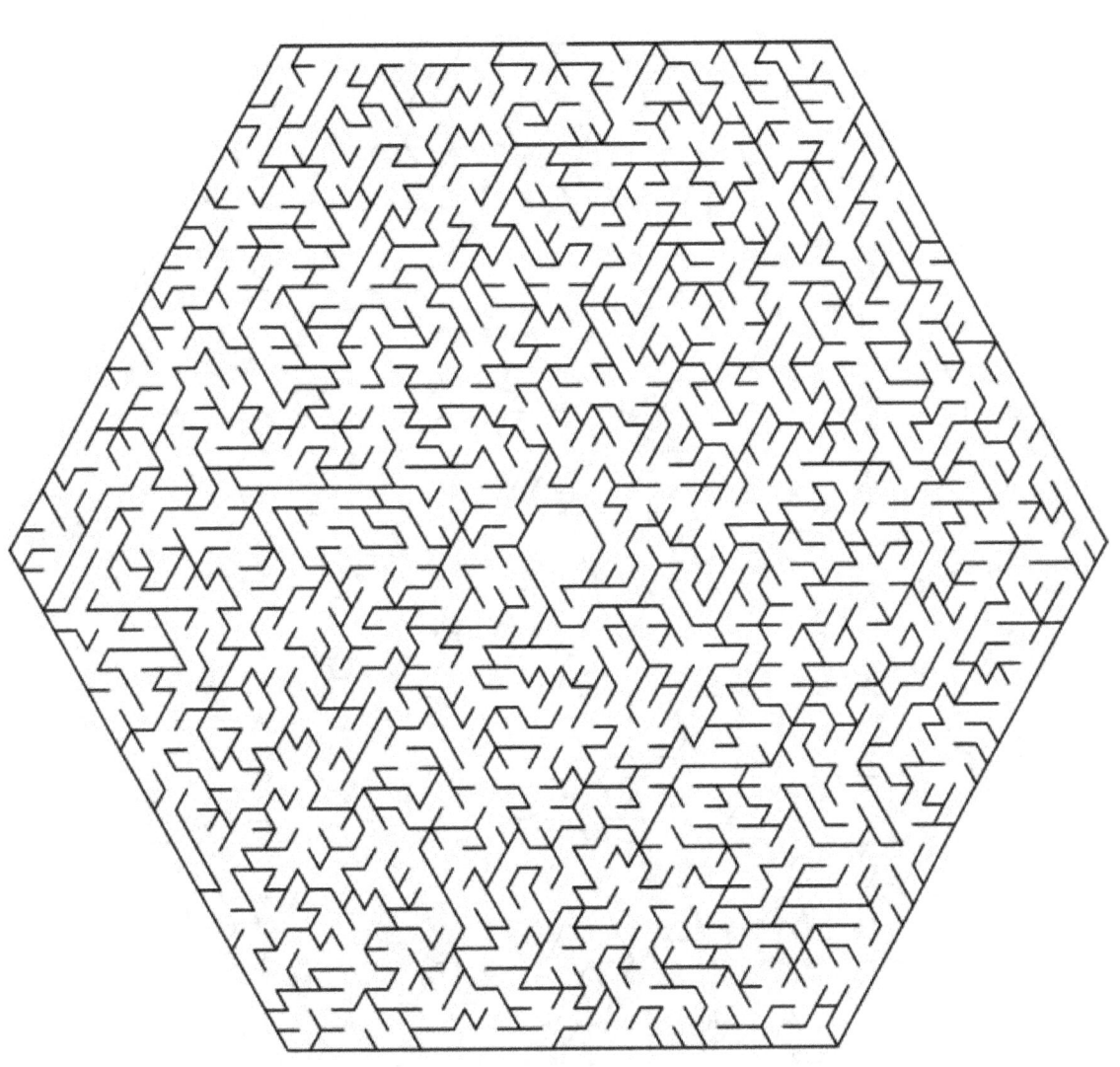

MAZE #13

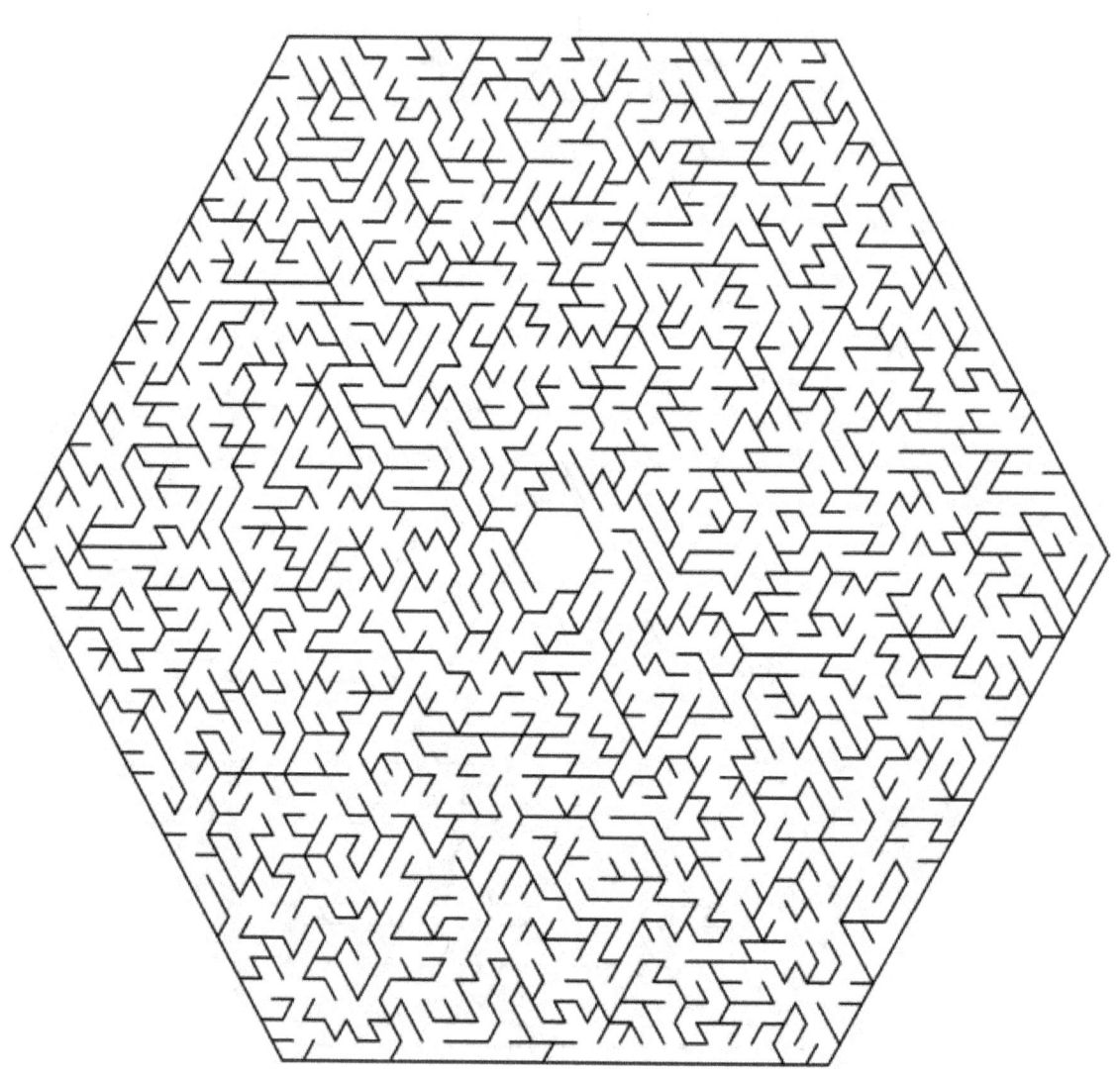

MAZE #14

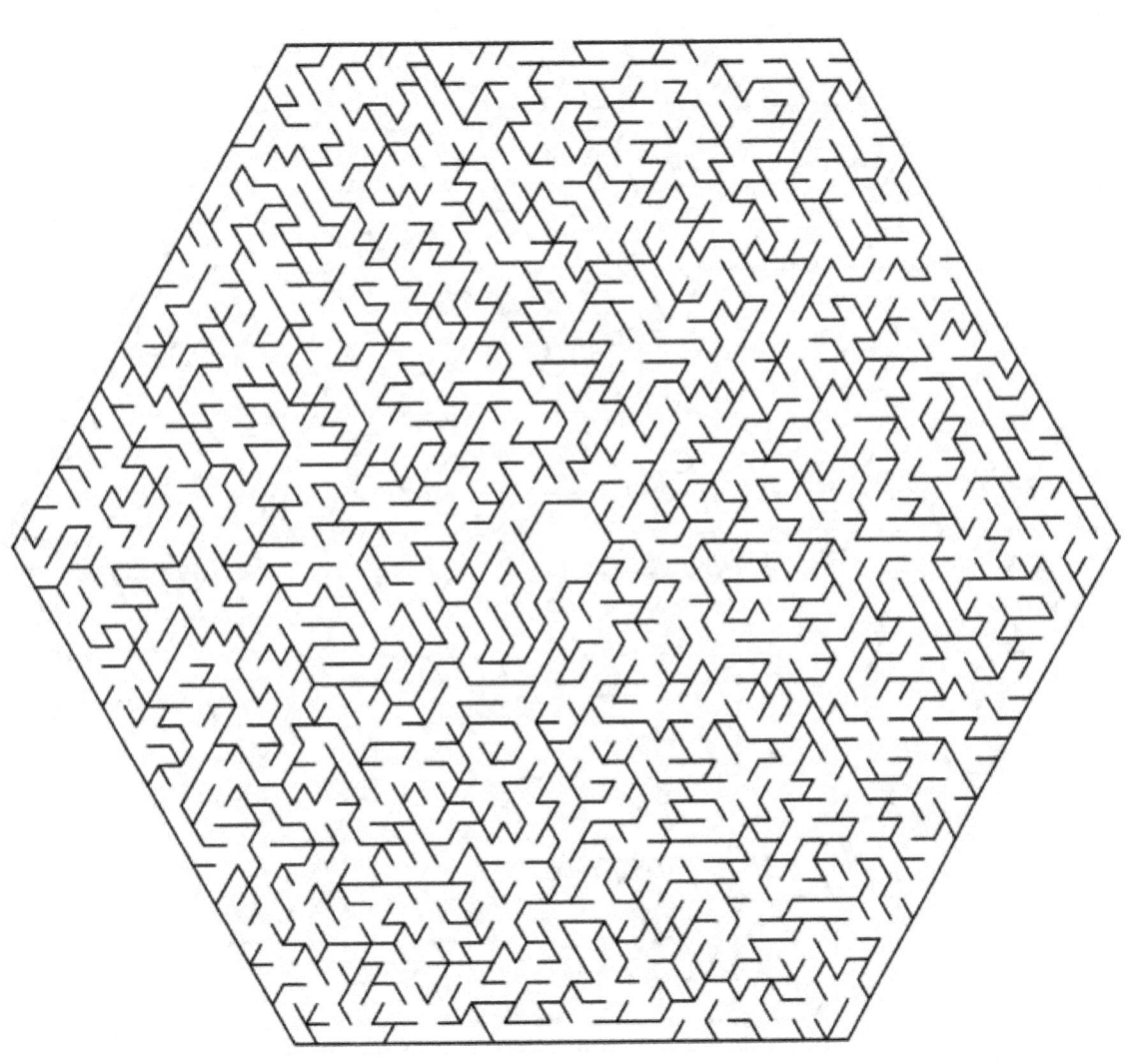

MAZE #15

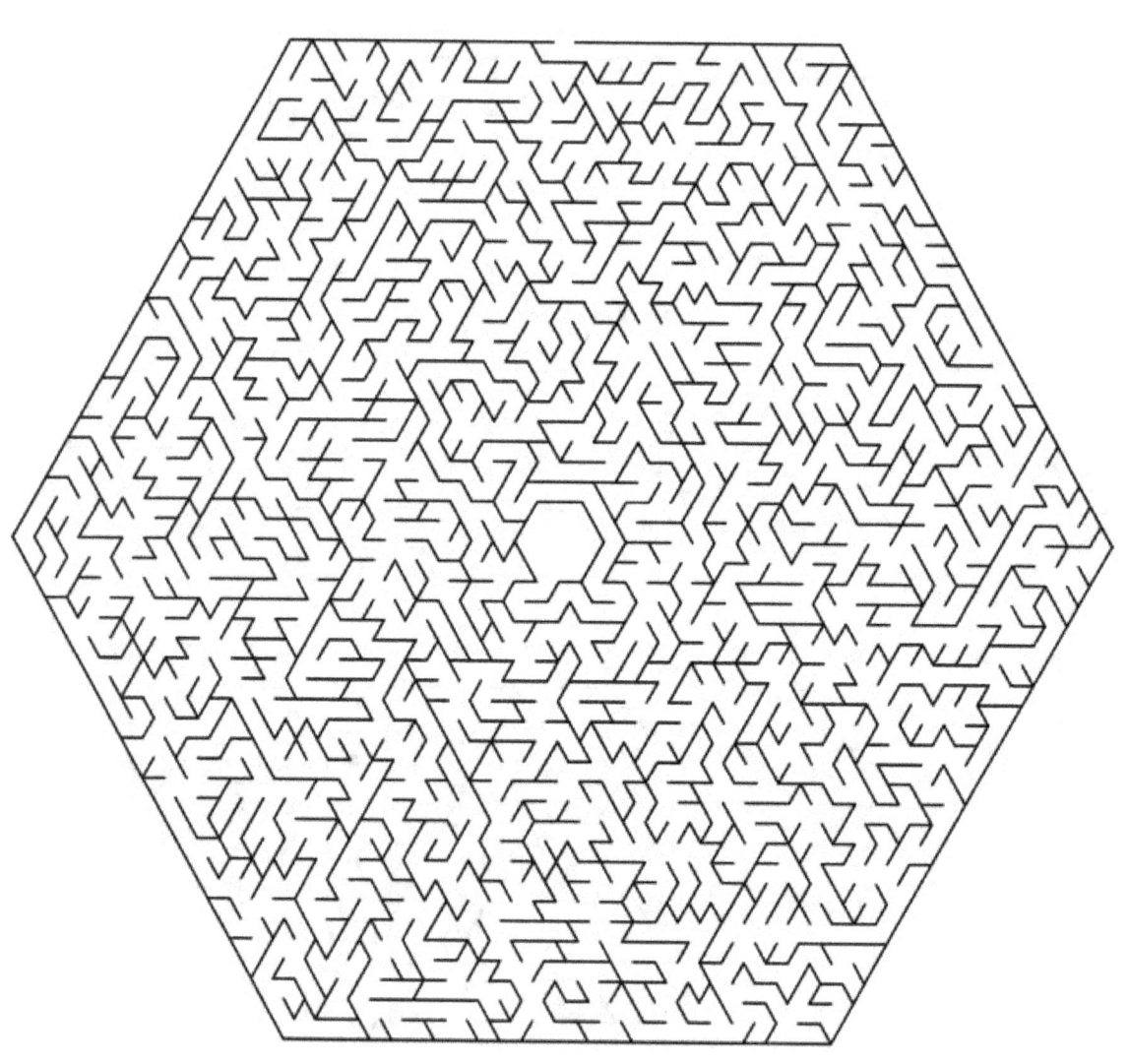

MAZE #16

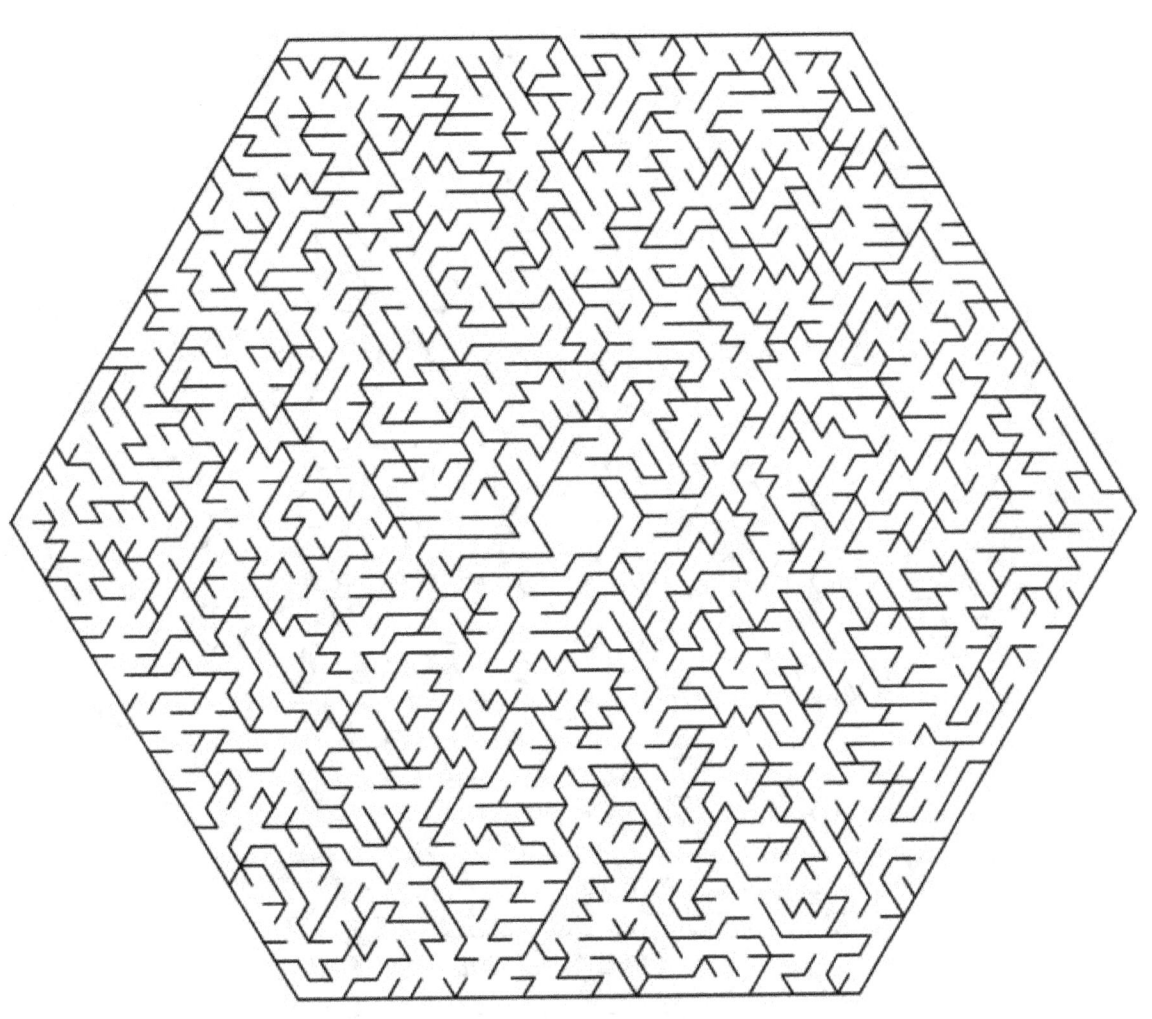

MAZE #17

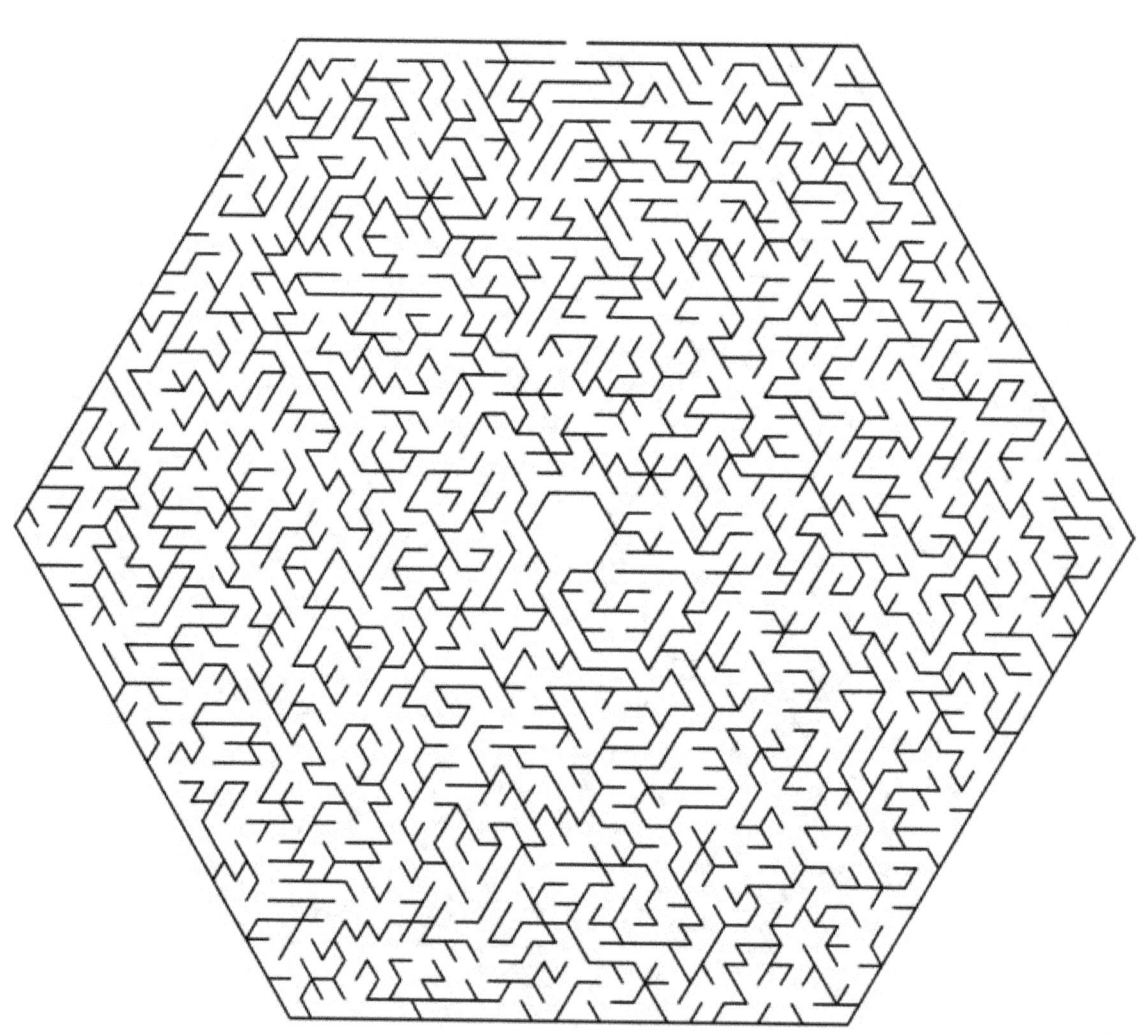

MAZE #18

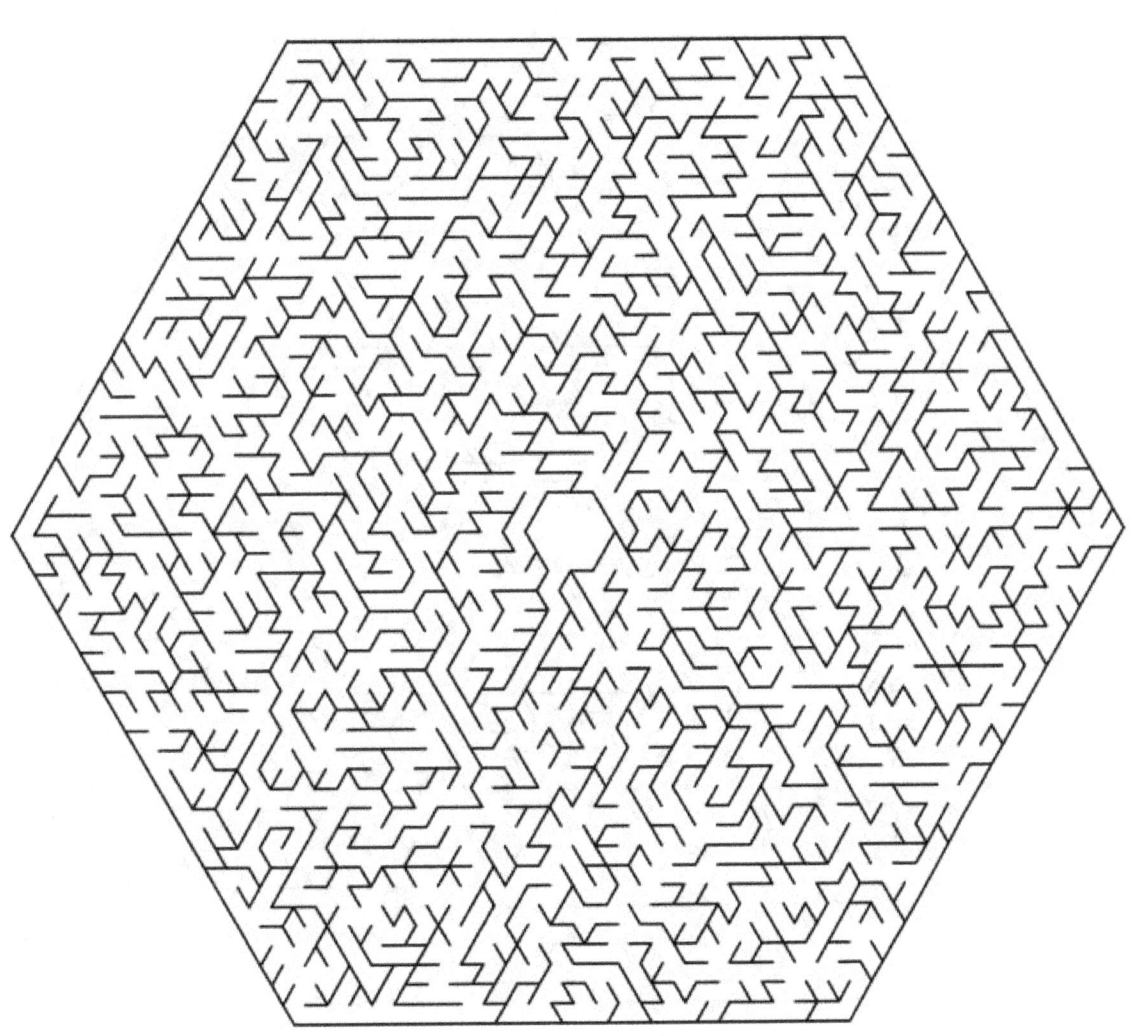

MAZE #19

MAZE #20

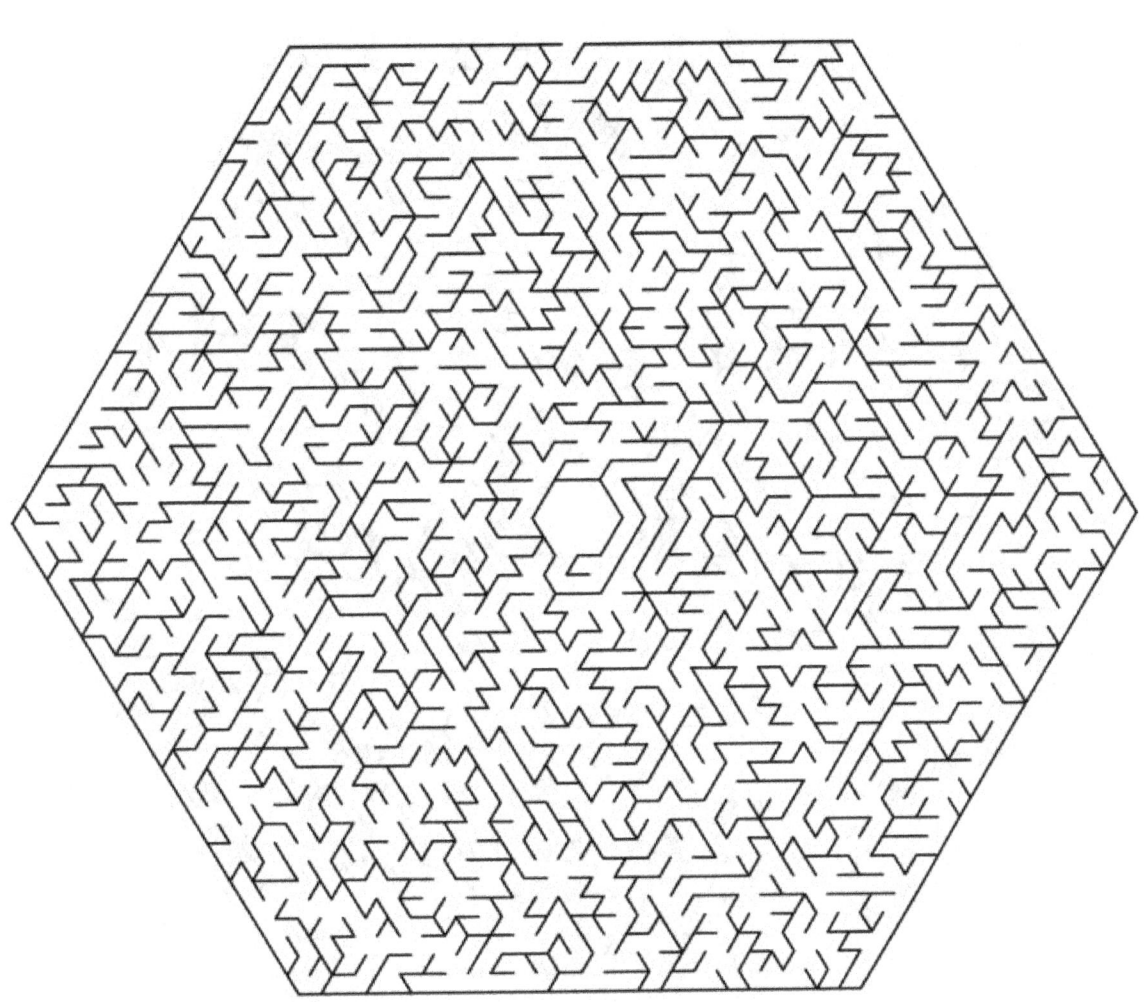

MAZE #21

MAZE #22

MAZE #23

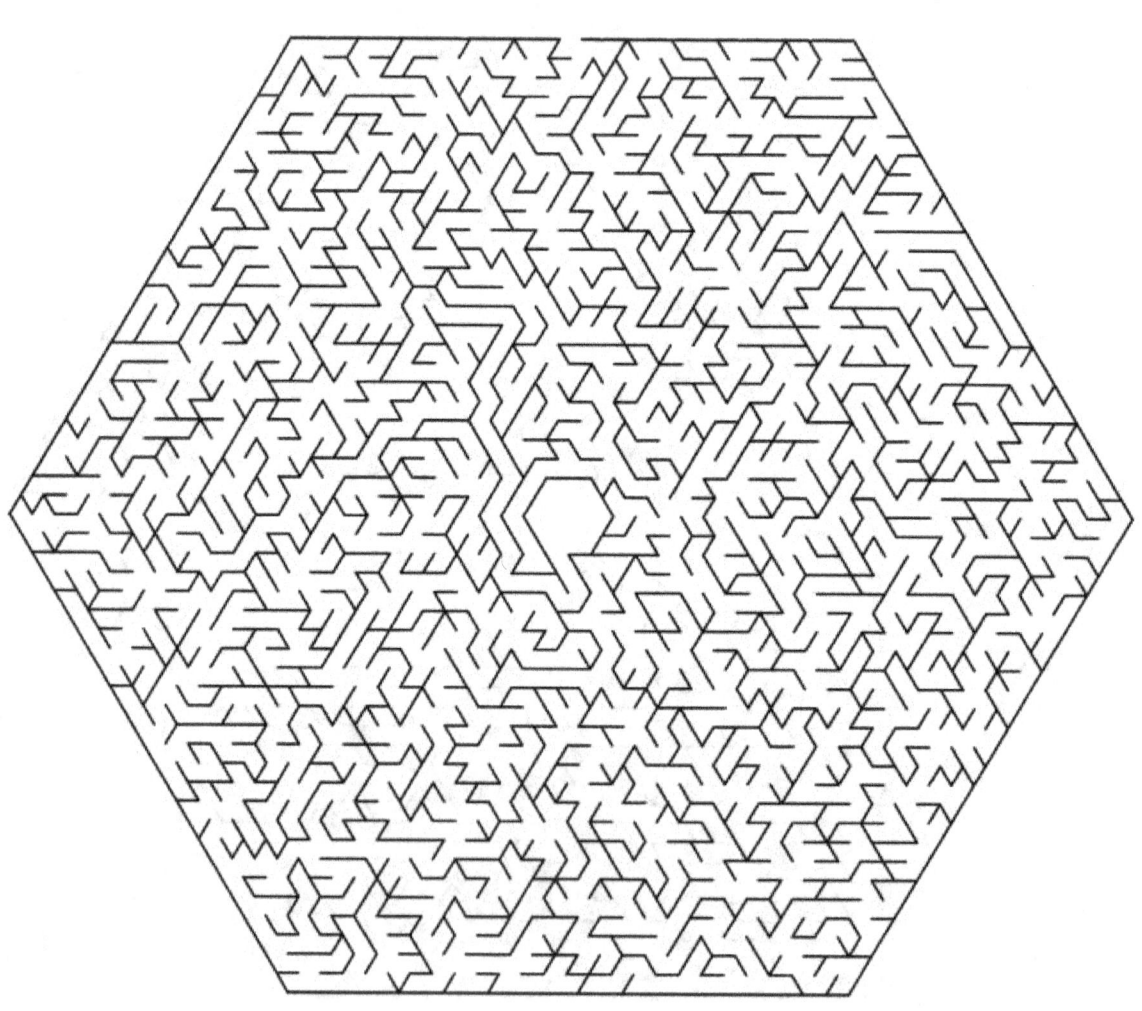

MAZE #24

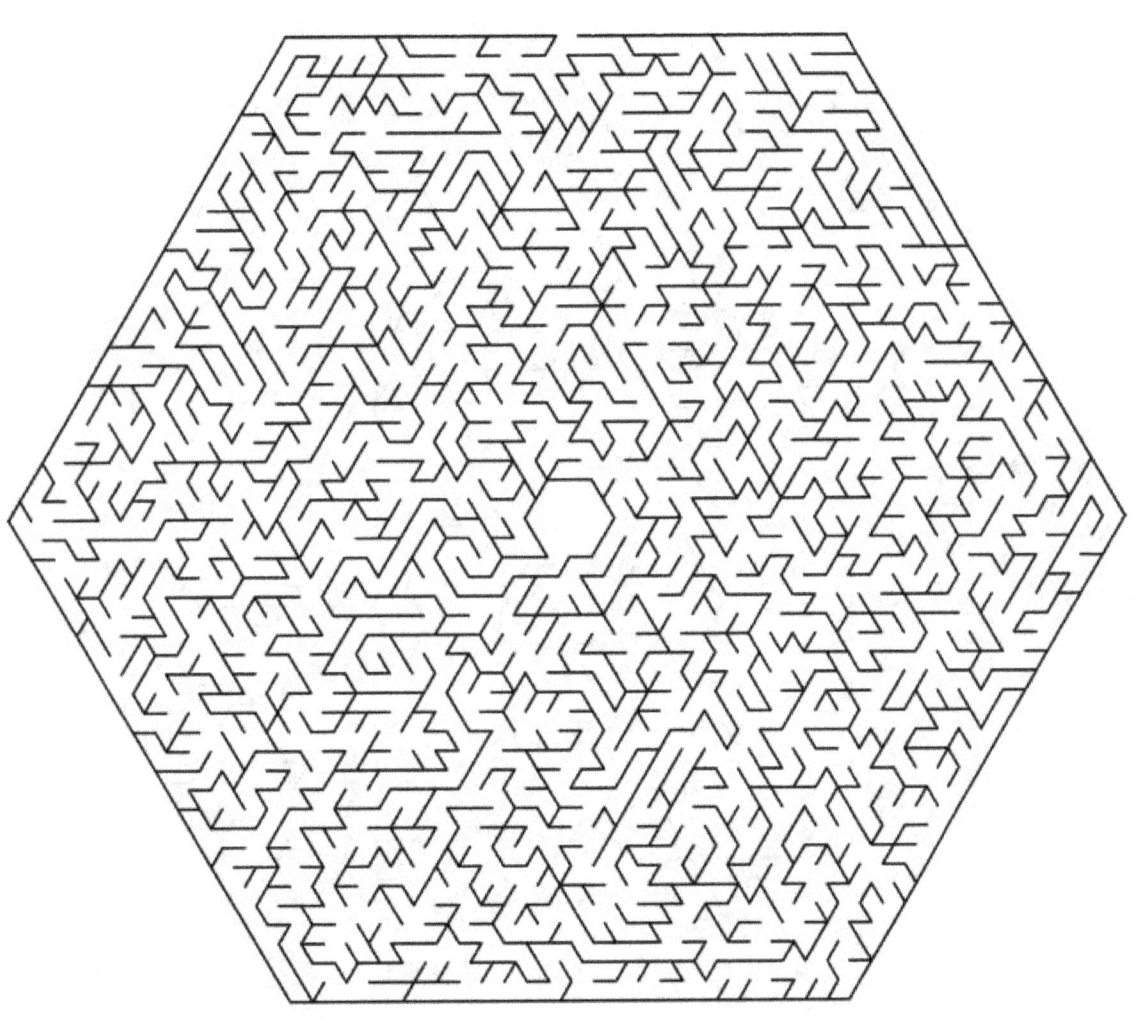

MAZE #25

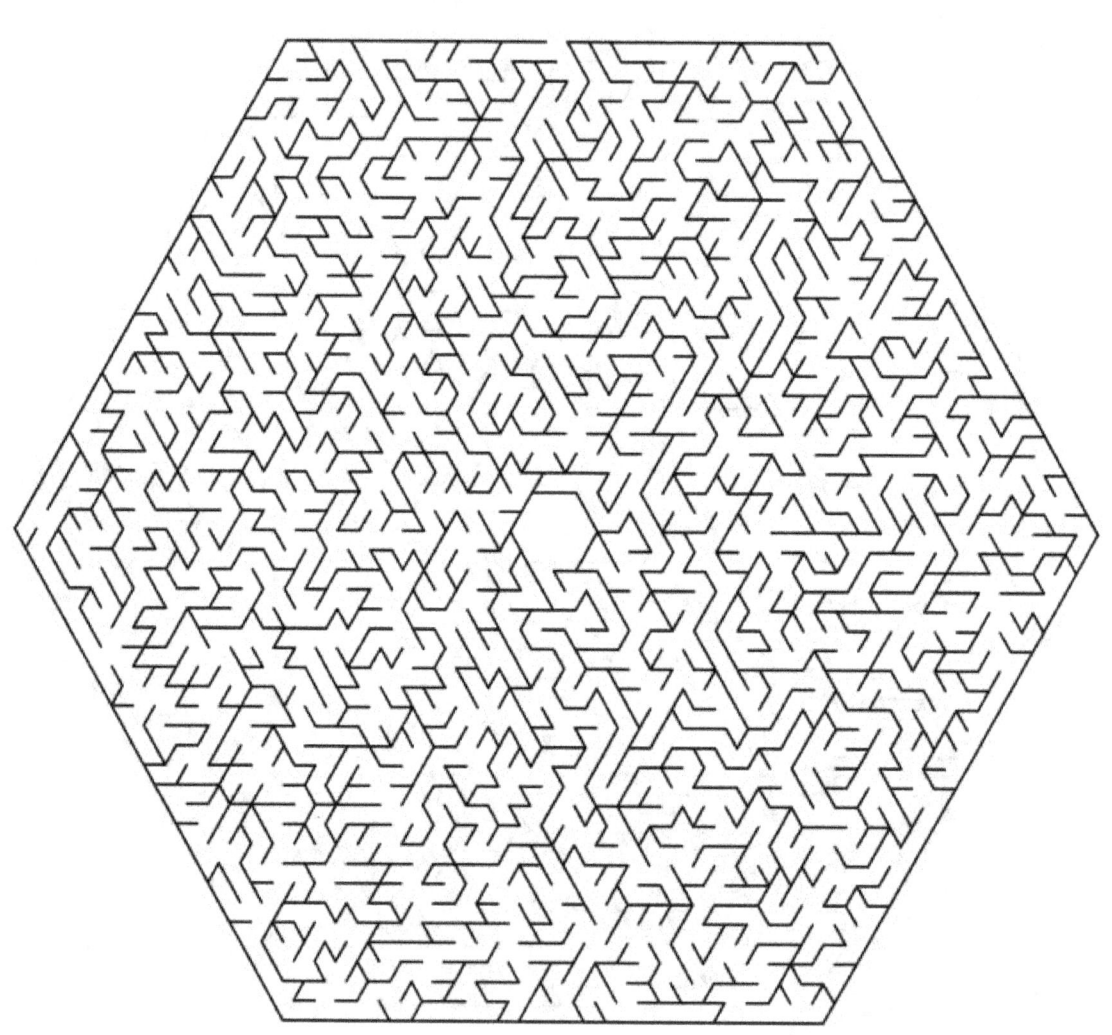

Sudoku

PUZZLE 1

		6			5	7		
5				6				
			3	4	8			5
		4		7				
3	8						1	7
				9		4		
6		2	5	1				
				8				2
		1	9			5		

PUZZLE 2 & 3

Puzzle 2

			1	9				
2			3			9		8
8					6			
		5	8					9
		6	9		7	4		
7					2	5		
			7					5
6		2			4			3
				6	1			

Puzzle 3

		5					2	
		1						8
	9				5	7	3	
			2	3				
2		7	1		8	4		6
				9	6			
	7	9	6				4	
1						6		
	5					9		

PUZZLE 4 & 5

Puzzle 4:

		1		2		9	8	
2	3						1	
		4			3		5	
					9			4
		8				7		
5			4					
	5		3			6		
	7						3	2
	1	2		7		8		

Puzzle 5:

	8	2						
				2	5	7	3	
						4	2	
9	7		4					
		8	6		1	5		
					9		4	7
	9	3						
	2	6	7	8				
						3	1	

PUZZLE 6 & 7

		4	5					
	3				9			
				2	3	8	1	
			7	2	3			5
	4						6	
3		9	8	1				
	1	6	7	9				
			3				7	
					8	9		

1	5	9				3		
	4				6			
				9				8
			7		5			6
	9		2		4		5	
3			8		9			
2				8				
			1				3	
		3				1	4	2

PUZZLE 8 & 9

			3		6		5	
					9	6		
	9	5						
		8			2		1	
1		4				7		8
	3		4			9		
						1	9	
		7	9					
	8		5		4			

	5				7			1
								9
		1	5	8		4		
	9				5		6	
5		2				8		3
	8		2				9	
		7		4	9	6		
1								
4			1				7	

PUZZLE 10 & 11

							4	
	9			1		2		
6		5	7				8	
	5	3	4	8				9
1				2	3	4	7	
	3				2	7		8
		7		5			3	
	4							

	8		3					
	7		2					6
				4	2	8		1
								7
2		9		1		8		4
5								
6	2	1	8					
4				7			6	
				5			9	

PUZZLE 12 & 13

		7		1				8
	9	6			3			
8	1			7				
	3					7		
9	4						2	6
		1					4	
				2			6	1
			5			2	7	
3				4		8		

				4	6	8		
		2			5	7		
				2			1	3
			9					
	6	5	2		1	9	4	
				6				
5	4		3					
		1	6			2		
	3	7	5					

PUZZLE 14 & 15

		9			3			1
		6	9					
3					7		5	
8	3		4	7			2	
	2			8	6		4	7
	4		1					3
					9	8		
6			2			5		

		1					2	
		8	2			1		
			3	5		8		
5	2				3			8
9								1
1			4				6	5
		4		8	6			
		2			9	6		
	9				3			

PUZZLE 16 & 17

Puzzle 16

	9	5		1		2		
1							9	
		4		9				7
			2			6	7	
				5				
	7	2			3			
4				2		8		
	6							9
		1		7		5	3	

Puzzle 17

		5		1			7	6
	6							
1		8			2		5	
4			6	7				
			1		4			
				8	3			1
	7		2			9		5
							3	
9	8			4		2		

PUZZLE 18 & 19

	8		1				3	
	4	2						6
5		6	8					
			5		8	9	4	
	5	1	3		9			
				7	4			2
7						5	1	
	2				5		7	

	4		5					6
						5	1	
		9	1				7	
	1			6		8	3	
6								1
	8	2		4			9	
	5				8	7		
	2	3						
7					2		4	

PUZZLE 20 & 21

Puzzle 20

3							9	
5				3	1		8	
8								1
		8		6	3		7	
		7				6		
	3		9	7		4		
1								7
	2		7	8				5
	4							6

Puzzle 21

		2				5	3	
		3			2	4		7
				9	8			
						9		5
5	7						1	2
9		1						
			6	1				
3		9	8			1		
	1	4				3		

PUZZLE 22 & 23

		8	2		3		1	
	5		6					9
2	7							
	8	6			2			
		2				1		
			7			3	4	
							5	3
8					5		2	
	3		9		4	7		

			7		6		5	
7		3				8		
		2		4			9	
			9					
1	9		3		2		8	6
					8			
	8			3		6		
		5				7		9
	3		2		9			

PUZZLE 24 & 25

Puzzle 24:

	8					5		
7		3			5			
	6					4	1	7
5					8			
		4	7		1	3		
			3					4
9	7	1					3	
			2			7		9
		2					6	

Puzzle 25:

2		6						
	7				1			8
	9				7			
	2		9	8				1
	3		6		5		7	
8				7	3		4	
			8				3	
3			5				8	
						6		5

Solutions

MAZE #1 - KEY

MAZE #2 - KEY

MAZE #3 - KEY

MAZE #4 - KEY

MAZE #5 - KEY

MAZE #6 - KEY

MAZE #7 - KEY

MAZE #8 - KEY

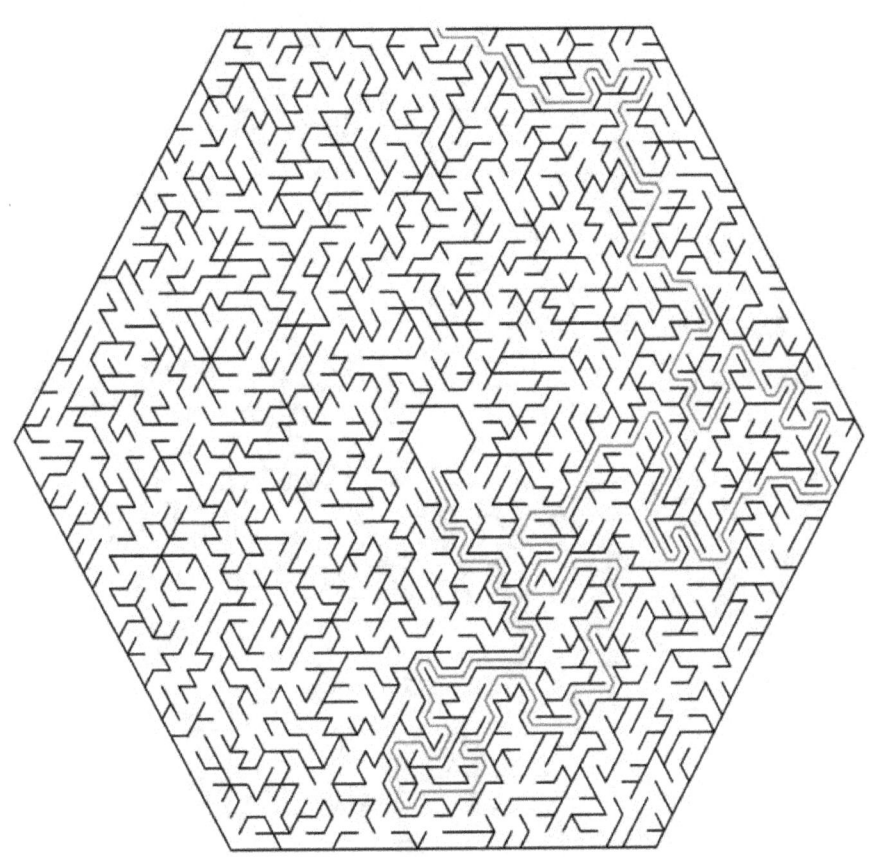

MAZE #9 - KEY

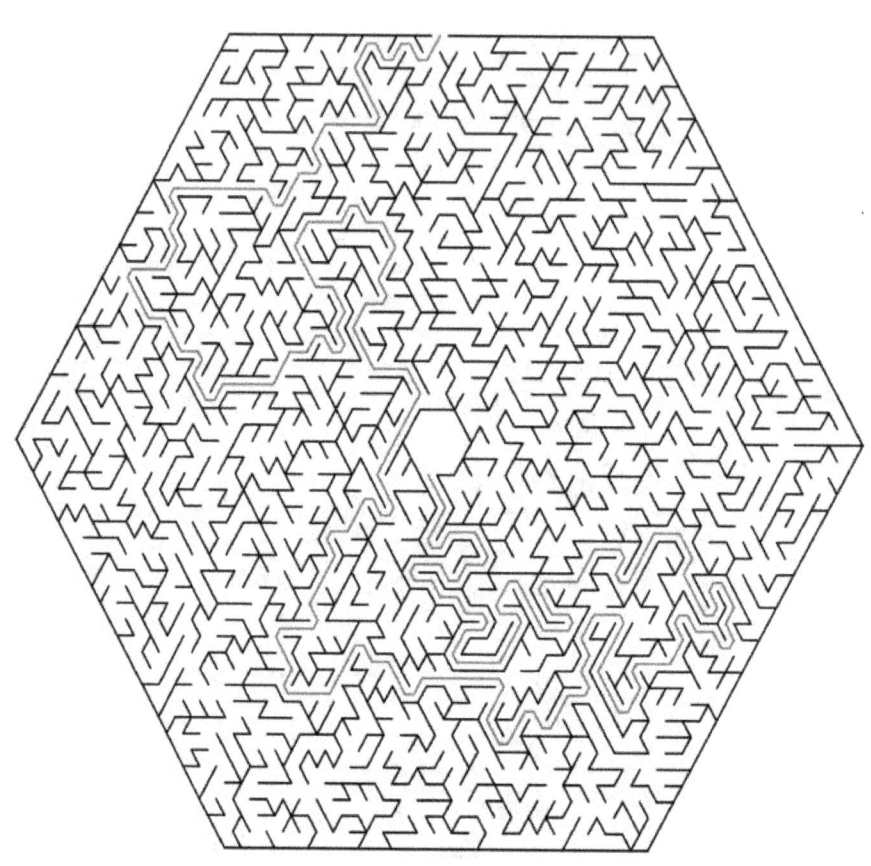

MAZE #10 - KEY

MAZE #11 - KEY

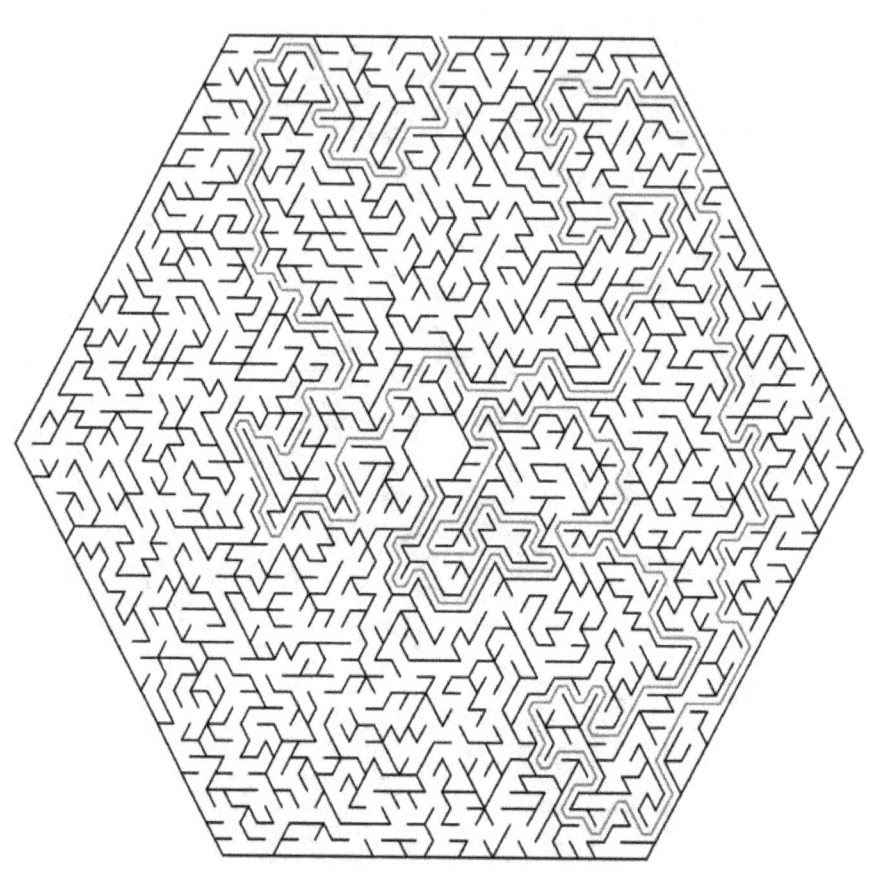

MAZE #12 - KEY

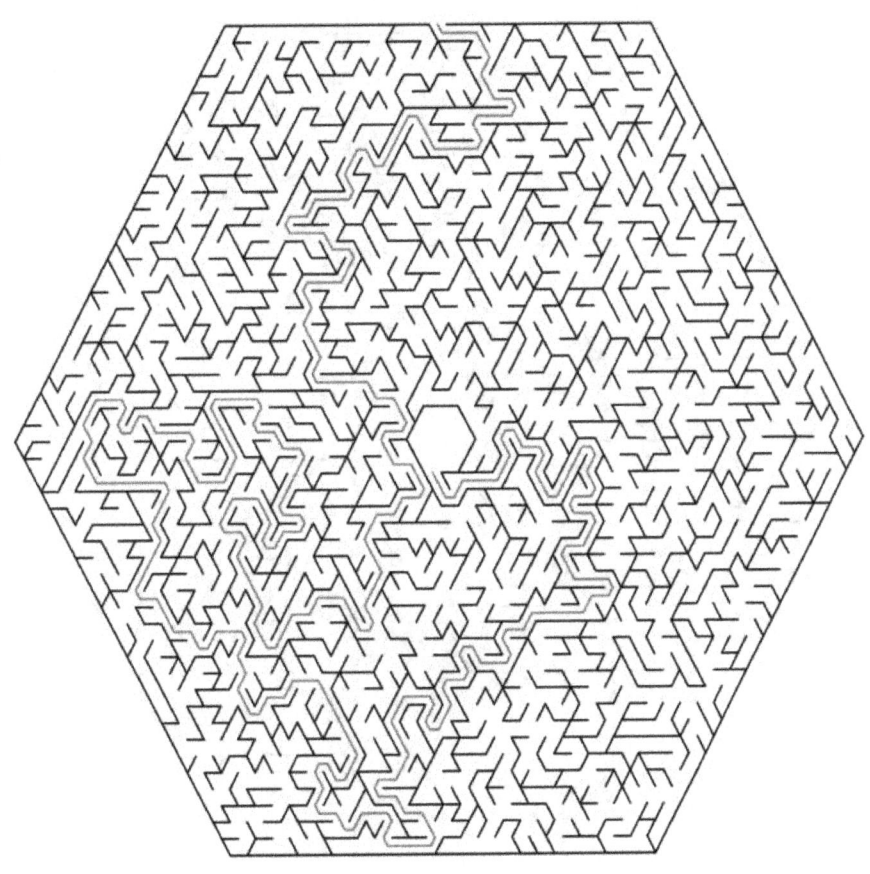

MAZE #13 - KEY

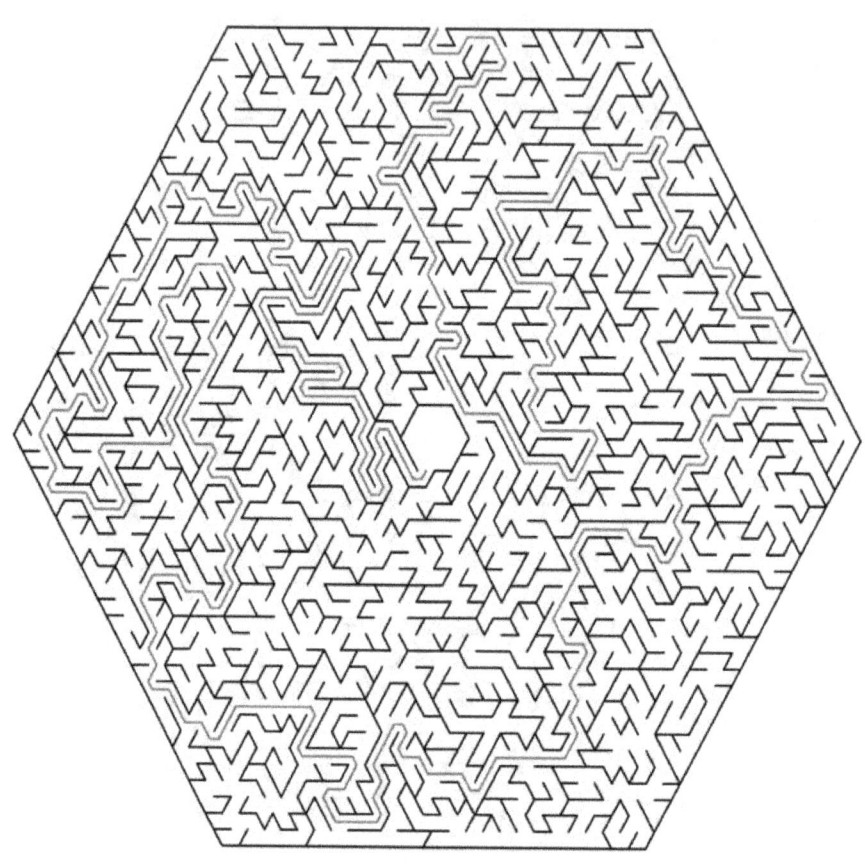

MAZE #14 - KEY

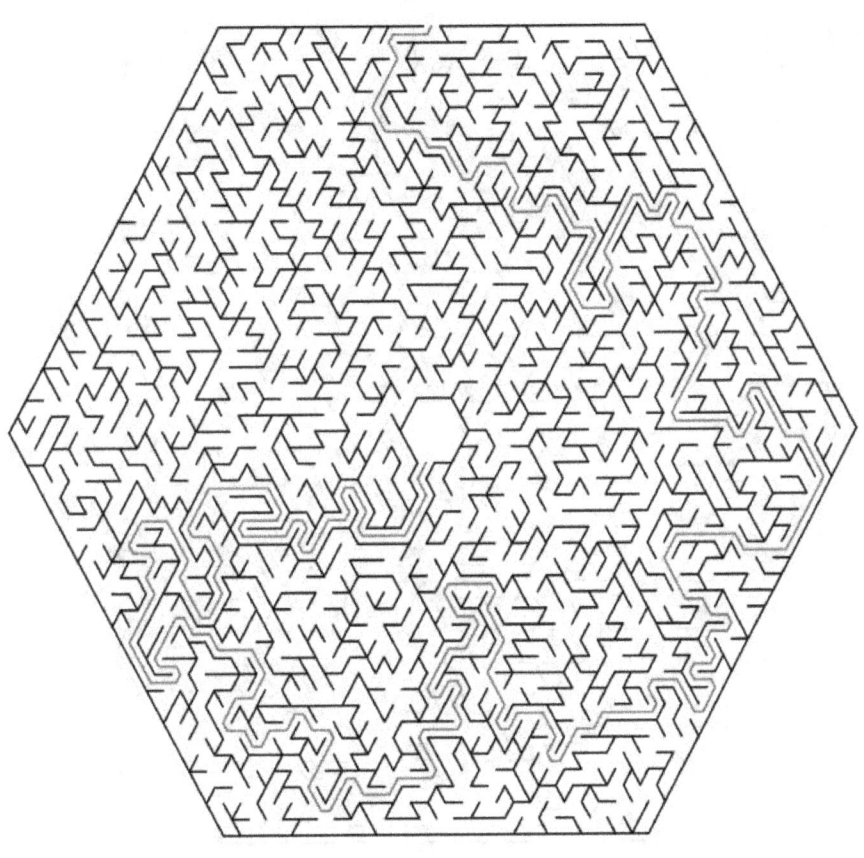

MAZE #15 - KEY

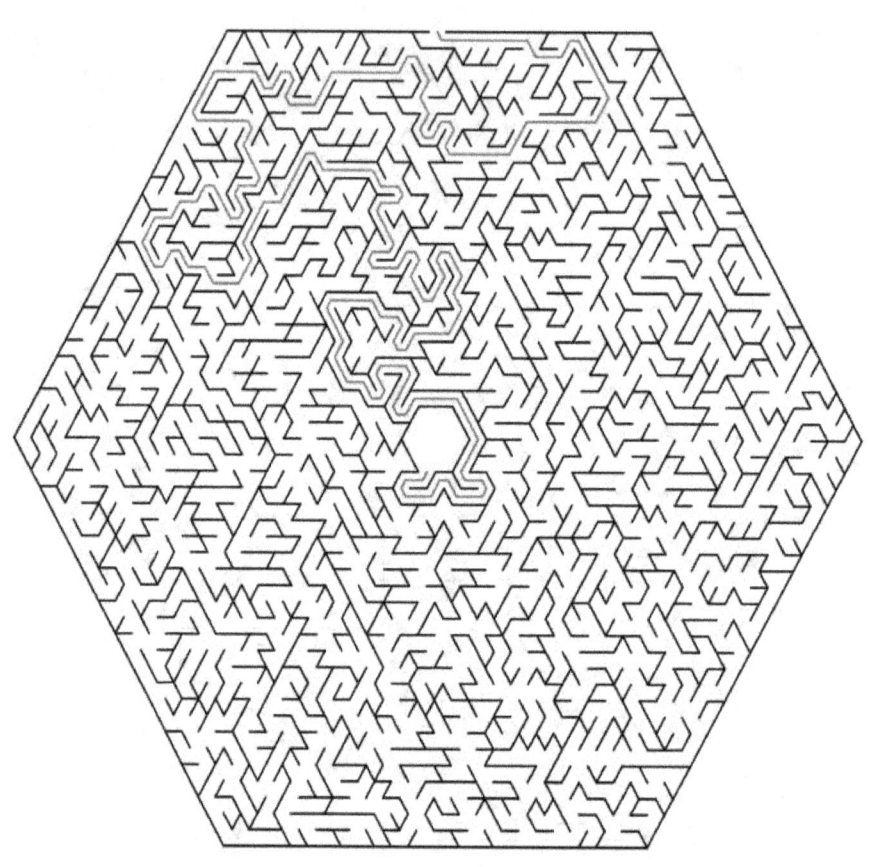

MAZE #16 - KEY

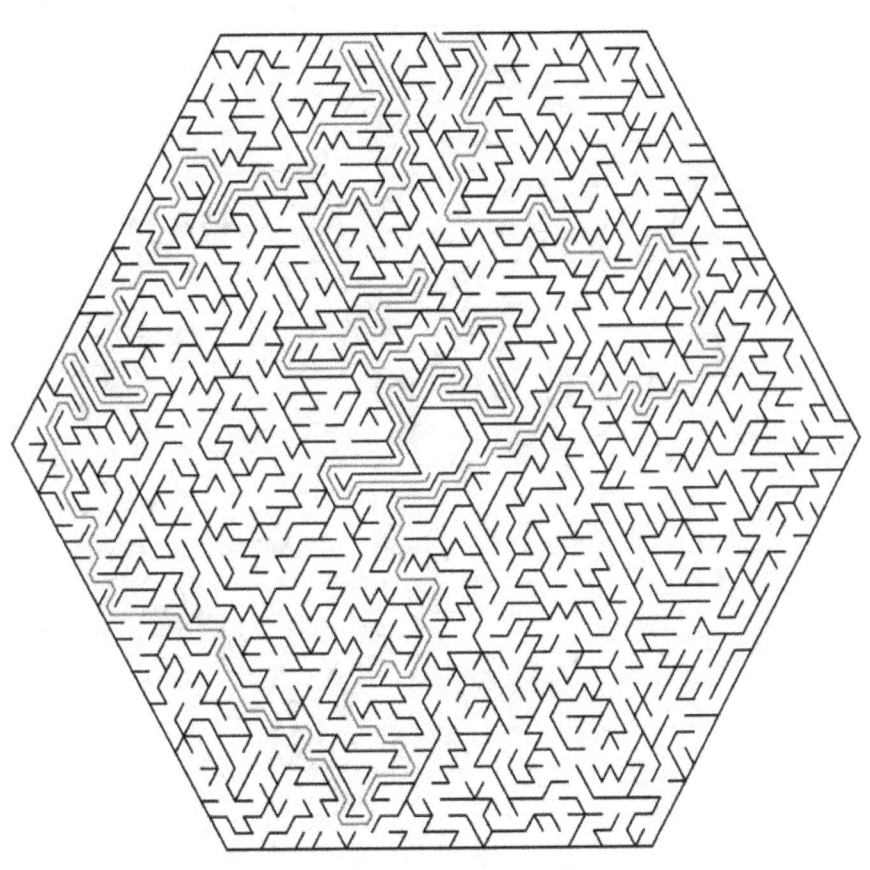

MAZE #17 - KEY

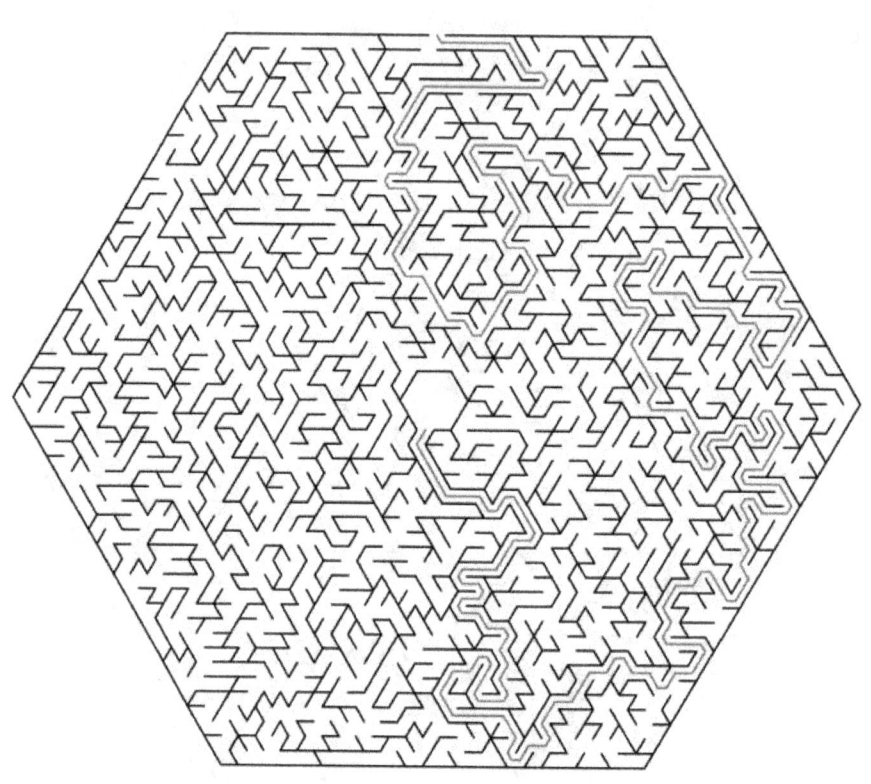

MAZE #18 - KEY

MAZE #19 - KEY

MAZE #20 - KEY

MAZE #21 - KEY

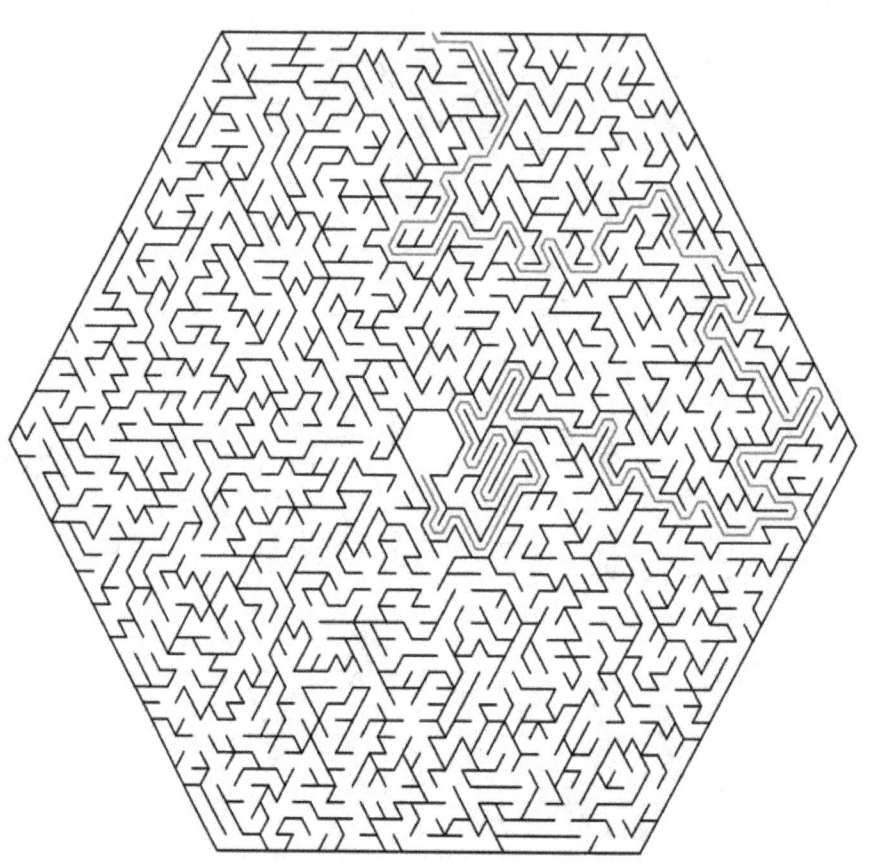

MAZE #22 - KEY

MAZE #23- KEY

MAZE #24 - KEY

MAZE #25 - KEY

4	3	6	8	2	5	7	9	1
5	1	8	7	6	9	3	2	4
2	9	7	1	3	4	8	6	5
1	2	4	3	7	8	6	5	9
3	8	9	4	5	6	2	1	7
7	6	5	2	9	1	4	8	3
6	4	2	5	1	3	9	7	8
9	5	3	6	8	7	1	4	2
8	7	1	9	4	2	5	3	6

PUZZLE 1

Puzzle 2

5	3	7	1	9	8	2	4	6
2	6	4	3	7	5	9	1	8
8	9	1	4	2	6	3	5	7
4	2	5	8	1	3	7	6	9
3	1	6	9	5	7	4	8	2
7	8	9	6	4	2	5	3	1
1	4	8	7	3	9	6	2	5
6	7	2	5	8	4	1	9	3
9	5	3	2	6	1	8	7	4

Puzzle 3

7	8	5	3	6	4	1	2	9
3	4	1	9	7	2	5	6	8
6	9	2	8	1	5	7	3	4
9	6	4	2	3	7	8	5	1
2	3	7	1	5	8	4	9	6
5	1	8	4	9	6	2	7	3
8	7	9	6	2	1	3	4	5
1	2	3	5	4	9	6	8	7
4	5	6	7	8	3	9	1	2

PUZZLE 2-3

Puzzle 4

7	6	1	5	2	4	9	8	3
2	3	5	9	8	6	4	1	7
9	8	4	7	1	3	2	5	6
1	2	7	8	5	9	3	6	4
6	4	8	2	3	1	7	9	5
5	9	3	4	6	7	1	2	8
8	5	9	3	4	2	6	7	1
4	7	6	1	9	8	5	3	2
3	1	2	6	7	5	8	4	9

Puzzle 5

5	8	2	3	4	7	1	6	9
6	1	4	9	2	5	7	3	8
7	3	9	1	6	8	4	2	5
9	7	5	4	3	2	6	8	1
2	4	8	6	7	1	5	9	3
3	6	1	8	5	9	2	4	7
4	9	3	5	1	6	8	7	2
1	2	6	7	8	3	9	5	4
8	5	7	2	9	4	3	1	6

PUZZLE 4-5

1	2	4	5	8	7	6	3	9
6	3	8	1	4	9	5	2	7
7	9	5	6	2	3	8	1	4
8	6	1	4	7	2	3	9	5
2	4	7	9	3	5	1	6	8
3	5	9	8	1	6	7	4	2
5	1	6	7	9	4	2	8	3
9	8	2	3	5	1	4	7	6
4	7	3	2	6	8	9	5	1

1	5	9	4	2	8	3	6	7
8	4	2	3	7	6	5	9	1
7	3	6	5	9	1	4	2	8
4	2	1	7	3	5	9	8	6
6	9	8	2	1	4	7	5	3
3	7	5	8	6	9	2	1	4
2	1	4	9	8	3	6	7	5
5	6	7	1	4	2	8	3	9
9	8	3	6	5	7	1	4	2

PUZZLE 6-7

8	7	1	3	4	6	2	5	9
3	4	2	8	5	9	6	7	1
6	9	5	1	2	7	8	4	3
9	5	8	7	3	2	4	1	6
1	2	4	6	9	5	7	3	8
7	3	6	4	8	1	9	2	5
5	6	3	2	7	8	1	9	4
4	1	7	9	6	3	5	8	2
2	8	9	5	1	4	3	6	7

2	5	6	4	9	7	3	8	1
3	4	8	6	2	1	7	5	9
9	7	1	5	8	3	4	2	6
7	9	4	8	3	5	1	6	2
5	1	2	9	7	6	8	4	3
6	8	3	2	1	4	5	9	7
8	2	7	3	4	9	6	1	5
1	6	9	7	5	8	2	3	4
4	3	5	1	6	2	9	7	8

PUZZLE 8-9

PUZZLE 10-11

3	7	1	2	6	8	9	4	5
8	9	4	3	1	5	2	6	7
6	2	5	7	9	4	3	8	1
7	5	3	4	8	6	1	2	9
4	6	2	9	7	1	8	5	3
1	8	9	5	2	3	4	7	6
5	3	6	1	4	2	7	9	8
2	1	7	8	5	9	6	3	4
9	4	8	6	3	7	5	1	2

1	8	2	5	3	6	7	4	9
9	7	4	1	2	8	5	3	6
3	5	6	7	9	4	2	8	1
8	1	3	4	6	5	9	2	7
2	6	9	3	1	7	8	5	4
5	4	7	9	8	2	6	1	3
6	2	1	8	4	9	3	7	5
4	9	5	2	7	3	1	6	8
7	3	8	6	5	1	4	9	2

PUZZLE 12-13

4	2	7	6	1	5	9	3	8
5	9	6	2	8	3	4	1	7
8	1	3	4	7	9	6	5	2
2	3	5	1	6	4	7	8	9
9	4	8	3	5	7	1	2	6
6	7	1	8	9	2	5	4	3
7	5	4	9	2	8	3	6	1
1	8	9	5	3	6	2	7	4
3	6	2	7	4	1	8	9	5

9	5	3	7	1	4	6	8	2
1	8	2	3	6	5	7	9	4
6	7	4	8	2	9	5	1	3
4	2	8	9	7	3	1	5	6
3	6	5	2	8	1	9	4	7
7	1	9	4	5	6	3	2	8
5	4	6	1	3	2	8	7	9
8	9	1	6	4	7	2	3	5
2	3	7	5	9	8	4	6	1

PUZZLE 14-15

4	5	9	8	2	3	6	7	1
1	7	6	9	5	4	2	3	8
3	8	2	6	1	7	4	5	9
8	3	5	4	7	1	9	2	6
7	6	4	3	9	2	1	8	5
9	2	1	5	8	6	3	4	7
2	4	8	1	6	5	7	9	3
5	1	3	7	4	9	8	6	2
6	9	7	2	3	8	5	1	4

4	6	1	9	7	8	5	2	3
3	5	8	2	6	4	1	7	9
2	7	9	3	5	1	8	4	6
5	2	7	6	1	3	4	9	8
9	4	6	8	2	5	7	3	1
1	8	3	4	9	7	2	6	5
7	3	4	5	8	6	9	1	2
8	1	2	7	3	9	6	5	4
6	9	5	1	4	2	3	8	7

PUZZLE 16-17

7	9	5	8	1	4	2	6	3
1	2	6	7	3	5	4	9	8
8	3	4	6	9	2	1	5	7
3	1	9	2	4	8	6	7	5
6	4	8	9	5	7	3	2	1
5	7	2	1	6	3	9	8	4
4	5	7	3	2	9	8	1	6
2	6	3	5	8	1	7	4	9
9	8	1	4	7	6	5	3	2

2	9	5	3	1	8	4	7	6
3	6	7	4	5	9	1	2	8
1	4	8	7	6	2	3	5	9
4	3	1	6	7	5	8	9	2
8	5	9	1	2	4	7	6	3
7	2	6	9	8	3	5	4	1
6	7	4	2	3	1	9	8	5
5	1	2	8	9	7	6	3	4
9	8	3	5	4	6	2	1	7

Puzzle 18

9	8	7	1	5	6	2	3	4
1	4	2	7	9	3	8	5	6
5	3	6	8	2	4	1	9	7
2	6	3	5	7	8	9	4	1
8	7	9	2	4	1	3	6	5
4	5	1	3	6	9	7	2	8
6	1	5	9	3	7	4	8	2
7	9	4	6	8	2	5	1	3
3	2	8	4	1	5	6	7	9

Puzzle 19

2	4	1	5	9	7	3	8	6
8	7	6	4	2	3	5	1	9
5	3	9	1	8	6	2	7	4
4	1	5	2	6	9	8	3	7
6	9	7	8	3	5	4	2	1
3	8	2	7	4	1	6	9	5
9	5	4	3	1	8	7	6	2
1	2	3	6	7	4	9	5	8
7	6	8	9	5	2	1	4	3

PUZZLE 18-19

Puzzle 20

3	6	1	8	4	7	5	9	2
5	9	2	6	3	1	7	8	4
8	7	4	5	9	2	3	6	1
4	5	8	1	6	3	2	7	9
9	1	7	4	2	8	6	5	3
2	3	6	9	7	5	4	1	8
1	8	3	2	5	6	9	4	7
6	2	9	7	8	4	1	3	5
7	4	5	3	1	9	8	2	6

Puzzle 21

8	6	2	7	4	1	5	3	9
1	9	3	5	6	2	4	8	7
4	5	7	3	9	8	6	2	1
2	3	8	1	7	6	9	4	5
5	7	6	4	3	9	8	1	2
9	4	1	2	8	5	7	6	3
7	8	5	6	1	3	2	9	4
3	2	9	8	5	4	1	7	6
6	1	4	9	2	7	3	5	8

PUZZLE 20-21

PUZZLE 22-23

9	6	8	2	7	3	4	1	5
1	5	3	6	4	8	2	7	9
2	7	4	5	9	1	8	3	6
3	8	6	4	1	2	5	9	7
7	4	2	3	5	9	1	6	8
5	1	9	7	8	6	3	4	2
4	2	1	8	6	7	9	5	3
8	9	7	1	3	5	6	2	4
6	3	5	9	2	4	7	8	1

8	1	9	7	2	6	3	5	4
7	4	3	1	9	5	8	6	2
5	6	2	8	4	3	1	9	7
3	5	8	9	6	4	2	7	1
1	9	4	3	7	2	5	8	6
2	7	6	5	1	8	9	4	3
9	8	1	4	3	7	6	2	5
4	2	5	6	8	1	7	3	9
6	3	7	2	5	9	4	1	8

PUZZLE 24-25

4	8	9	1	7	6	5	2	3
7	1	3	4	2	5	9	8	6
2	6	5	8	3	9	4	1	7
5	3	7	6	4	8	2	9	1
6	2	4	7	9	1	3	5	8
1	9	8	3	5	2	6	7	4
9	7	1	5	6	4	8	3	2
8	5	6	2	1	3	7	4	9
3	4	2	9	8	7	1	6	5

2	4	6	3	5	8	1	9	7
5	7	3	2	9	1	4	6	8
1	9	8	4	6	7	5	2	3
6	2	7	9	8	4	3	5	1
4	3	1	6	2	5	8	7	9
8	5	9	1	7	3	2	4	6
7	1	5	8	4	6	9	3	2
3	6	2	5	1	9	7	8	4
9	8	4	7	3	2	6	1	5

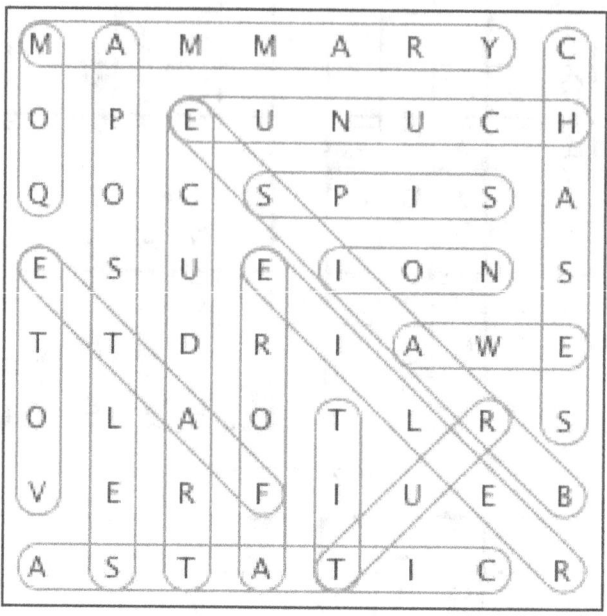

WORDSEARCH 1

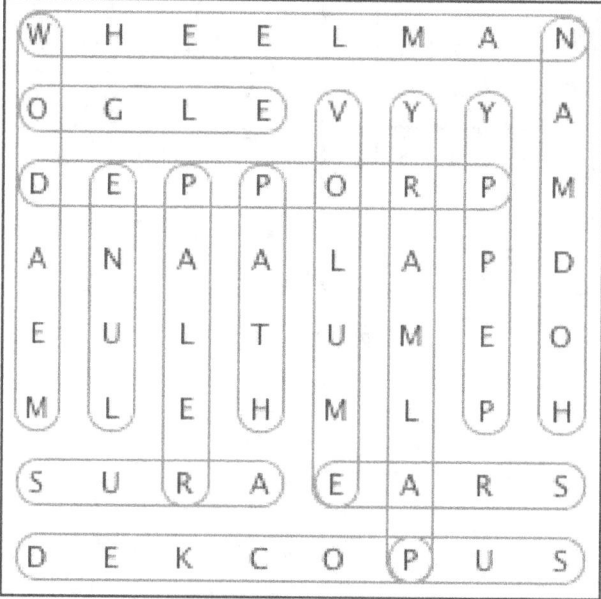

WORDSEARCH 2

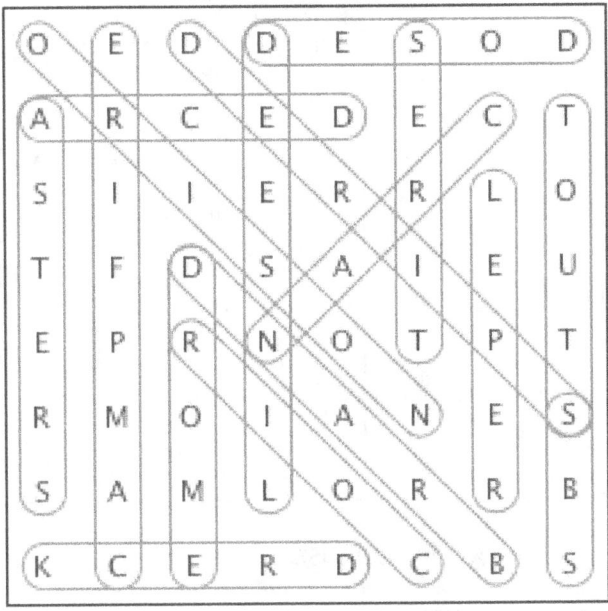

WORDSEARCH 3

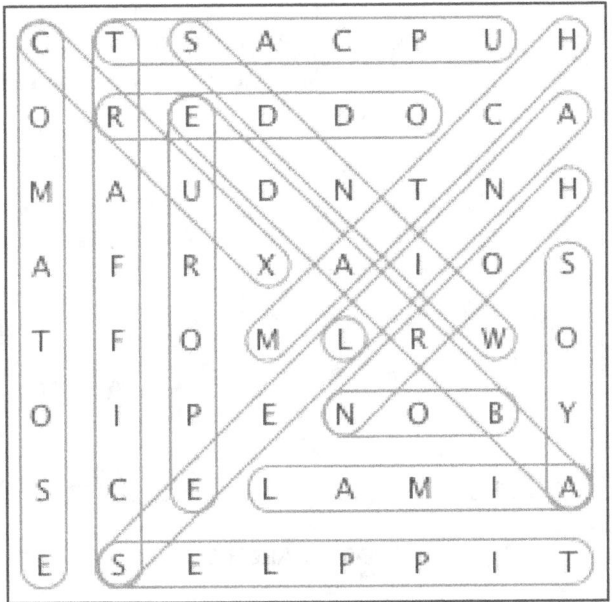

WORDSEARCH 4

WORDSEARCH 5

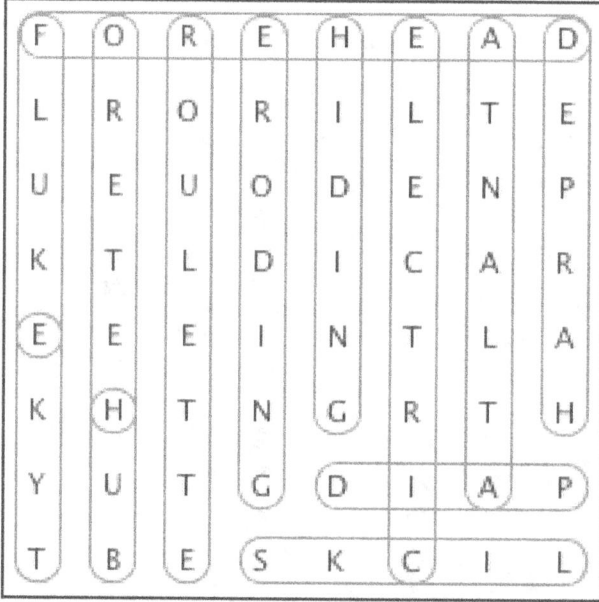

WORDSEARCH 6

WORDSEARCH 7

WORDSEARCH 8

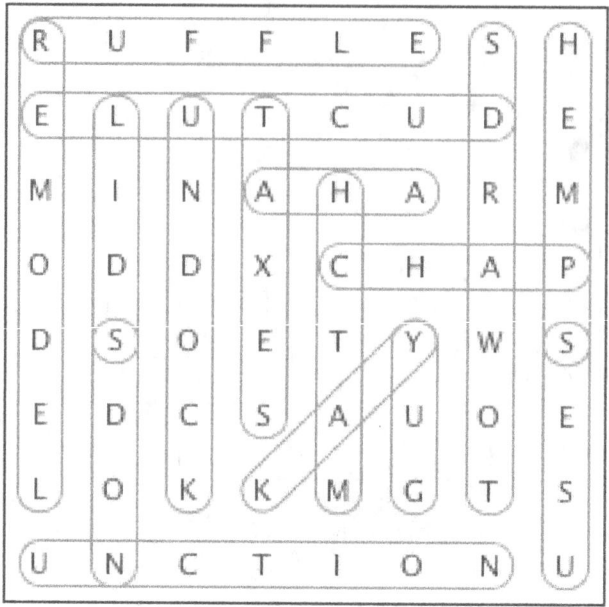

WORDSEARCH 9

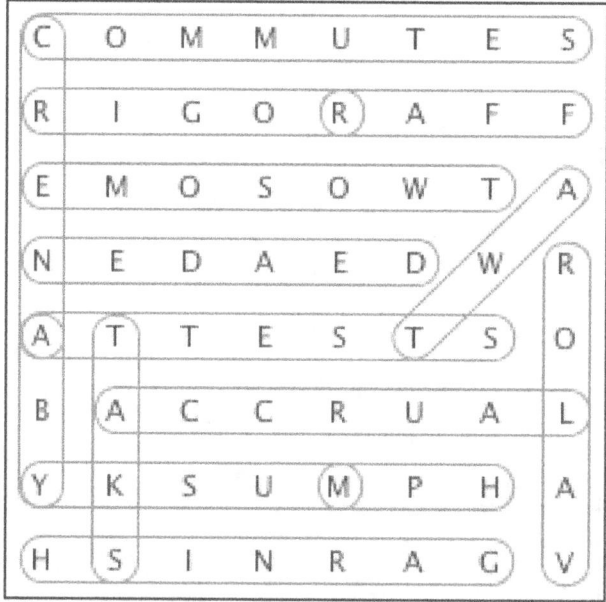

WORDSEARCH 10

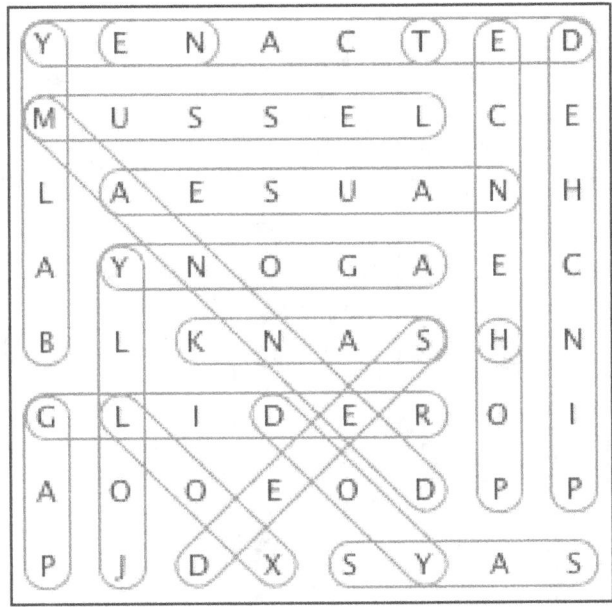

WORDSEARCH 11

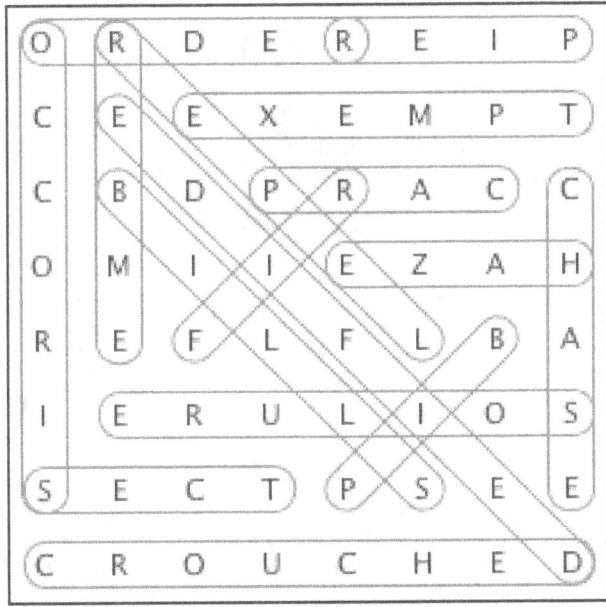

WORDSEARCH 12

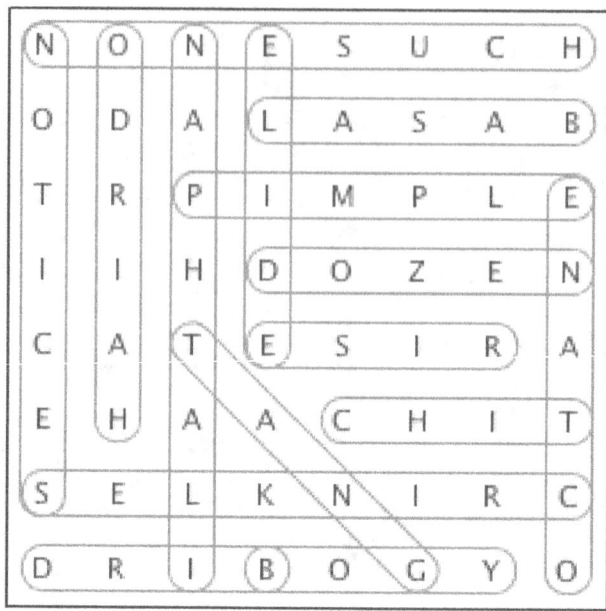

WORDSEARCH 13

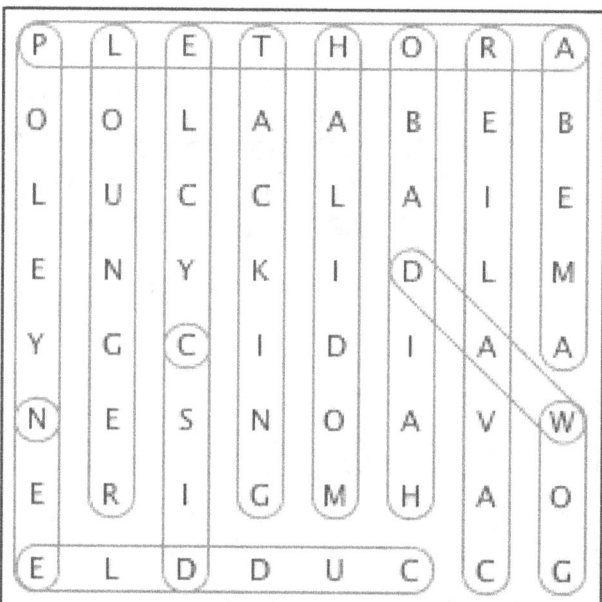

WORDSEARCH 14

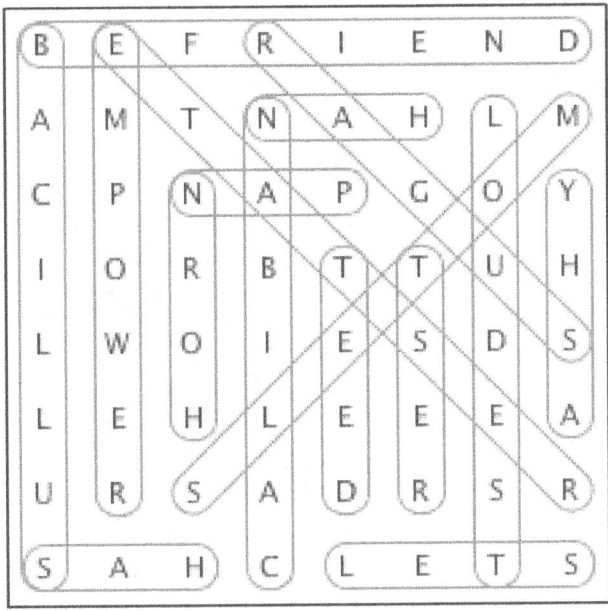

WORDSEARCH 15

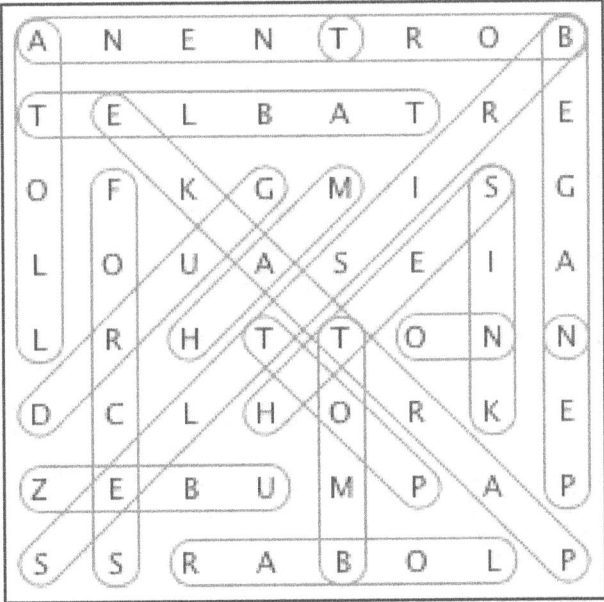

WORDSEARCH 16

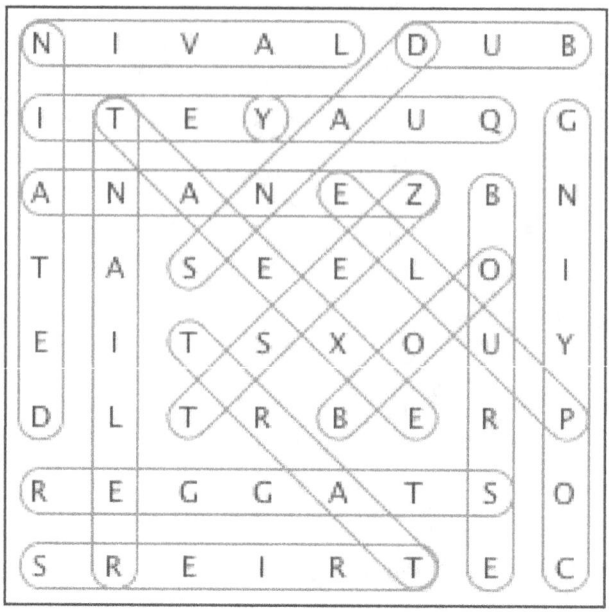

WORDSEARCH 17

WORDSEARCH 18

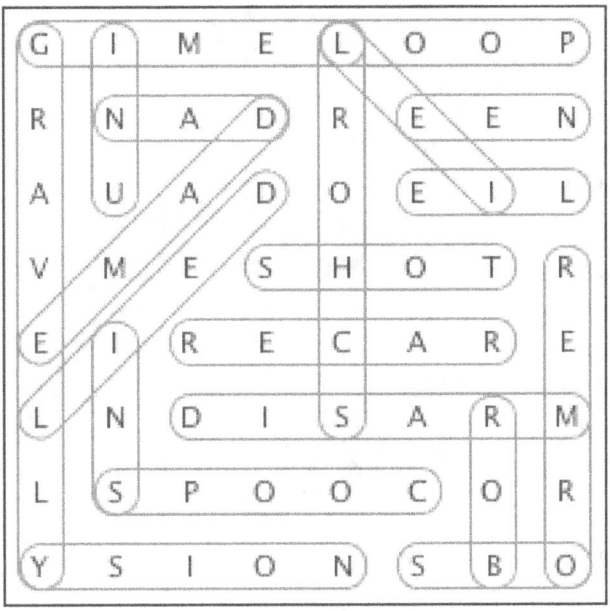

WORDSEARCH 19

WORDSEARCH 20

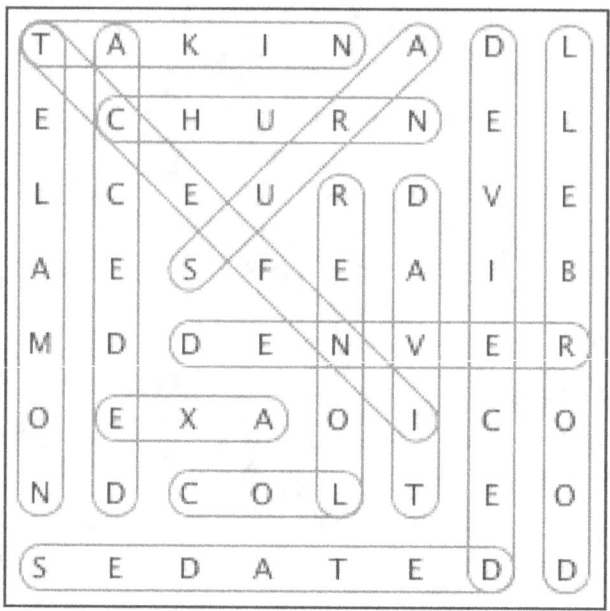

WORDSEARCH 21

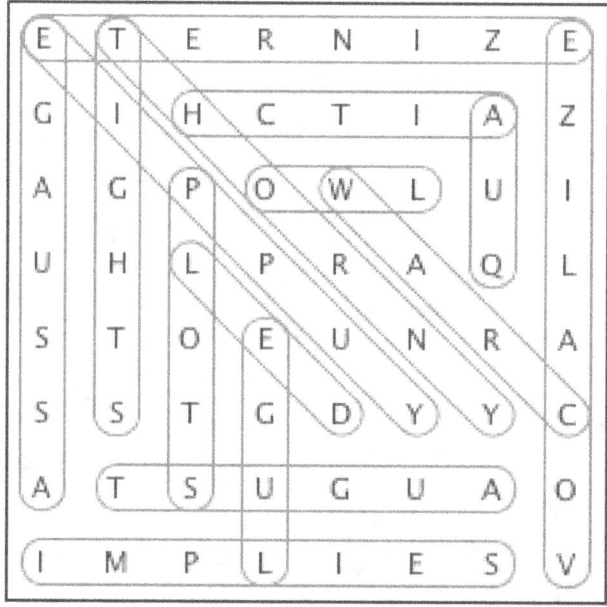

WORDSEARCH 22

WORDSEARCH 23

WORDSEARCH 24

WORDSEARCH 25

More by Vibrant Puzzle Books

Puzzle Variety Easy 1
Puzzle Variety Easy 2
Puzzle Book Variety
Sudoku Easy
Maze Puzzle Book For Adults 1
Maze Puzzle Book For Adults 2

www.ingramcontent.com/pod-product-compliance
Lightning Source LLC
Chambersburg PA
CBHW081459070526
44586CB00019B/2430